浙江文化艺术发展基金资助项目

PROJECTS SUPPORTED BY ZHEJIANG CULTURE AND ARTS DEVELOPMENT FUND

浙江文化
基因丛书

吴越◎主编

嘉禾南湖

南湖文化基因

吴　越
陈洁翔◎编著

杭州出版社

图书在版编目（CIP）数据

嘉禾南湖：南湖文化基因 / 吴越，陈洁翔编著. 杭州：杭州出版社，2025.1. --（浙江文化基因丛书 / 吴越主编）. -- ISBN 978-7-5565-2670-3

Ⅰ. G127.553

中国国家版本馆 CIP 数据核字第 2024RJ1468 号

JIAHE NANHU——NANHU WENHUA JIYIN
嘉禾南湖——南湖文化基因

吴越　陈洁翔　编著

策　　划	屈　皓
责任编辑	李竹月
责任校对	陈铭杰
装帧设计	魏君妮　卢晓明　王立超
美术编辑	王立超
责任印务	王立超
出版发行	杭州出版社（杭州市西湖文化广场32号6楼）
	电话：0571-87997719　邮政编码：310014
	网址：www.hzcbs.com
排　　版	杭州立飞图文制作有限公司
印　　刷	天津画中画印刷有限公司
经　　销	新华书店
开　　本	710mm×1000mm　1/16
印　　张	16.5
拉　　页	1
字　　数	261千字
版印次	2025年1月第1版　2025年1月第1次印刷
书　　号	ISBN 978-7-5565-2670-3
定　　价	68.00元

"浙江文化基因丛书"编委会

吴　越　叶志良　贾晓东　陈　明　孙　琳

沈　军　葛建民　缪存烈　乐　波　赵柯艳

王　俊　陆　莹　林华弟　章鹏华　盛雄生

陈贤敏　胡宏波　周　洁　胡凌凌　王军伟

柳虹羽　屈　皓　庄文新

（排名不分先后）

"浙江文化基因丛书"序

习近平总书记指出："支撑5000多年中华文明延绵至今的，是植根于中华民族血脉深处的文化基因。"① 浙江是中华文明的重要发源地之一，文化底蕴深厚，文化名人辈出。一叶红船从嘉兴南湖驶出，在时代浪潮中驭势而行；沿"唐诗之路"踏歌而行，千古诗篇回响在山水之间；还有良渚文化、宋韵文化、上山文化、黄帝文化、南孔文化、和合文化、阳明文化、丝瓷茶文化、古越文化、吴越文化……这些文化基因，共同铸就了浙江的"根"和"魂"。

2024年3月6日，浙江省文化广电和旅游厅印发《浙江省文化基因激活工程实施方案（2024—2026年）》，这是继2020年浙江省文化和旅游厅印发的《浙江省"文化基因解码工程"实施方案（试行）》《浙江省"文化基因解码工程"工作导则》和2021年8月浙江省文化和旅游厅印发的《建设文化标识推进文旅融合行动计划（2021—2025年）（试行）》之后，为更好担负起新时代新的文化使命，深入贯彻省委十五届四次全会部署，在全省实施的又一项文化基因重大工程。

---

① 习近平：《携手建设更加美好的世界》（2017年12月1日），人民出版社，2017年，第3页。

文化基因解码工程，是文化基因激活工程的坚实基础。文化基因，顾名思义，是指从文化形态切入，厘清其历史渊源、发展脉络、基本走向，从物质、精神、制度要素，语言和象征符号等进行分析、解码所提取的关键知识内核。文化基因解码，围绕中华优秀传统文化、革命文化和社会主义先进文化，按照3个主类、20多个亚类、约100个基本类型分别归档，确保历史年代、地理位置、流布范围等数据均记录在册，挖掘、研究、阐释优质"文化基因"，对全省文化资源进行全面梳理。这是一项集"查、解、评、用"于一体的综合性系统工程。全省开展90个县市区的文化基因解码任务，包括文化元素调查、文化基因解码评价、《文化基因解码报告》撰写、证据资料汇总保存建档等，并在此基础上建成"浙江文化基因库"。文化基因解码，起于"查"，终于"用"。"查"就是铺开"一张网"，广泛收集区域内的文化资源，作为"解"的对象。"解"重在找准四大要素，提取一组基因。四大要素是指物质要素（如原料、工具、环境等）、精神要素（如思想观念、群体性格等）、制度要素（如乡规民约、族规家规、礼节礼仪、表演技艺、创作技法等）、语言和象征符号（如方言、图形、标志、表情、动作、声音等）。通过对四大要素的分解梳理，遴选重点文化元素作为解码对象，从中提取出关键性的知识（技术）点。然后通过对选择的文化基因解码，从生命力、凝聚力、影响力、发展力四个维度进行质量评价。最终用基因塑造IP，以文旅IP开发作品、设计产品，以作品、产品点亮城市生活、赋能乡村振兴。浙江以文化基因为根、文旅融合IP为脉，打造了一条以城带乡、城乡互促的发展闭环，推动文化资源的"活化"利用，把解码成果与提高人民群众生活品质相结合,这就是"用"。以人文之美推动精神之富足,增强浙江高质量发展建设共同富裕示范区的文化自觉。

显然,文化基因是传承和创新的基石。文化基因作为一个社会文化系统的逻辑起点,是一个社会存在和进化、变革和发展的决定力量。文化基因解码就是要把社会文化系统中所表现出来的文化形态、思维方式、行动模式、礼仪符号、风俗习惯等加以还原,揭示其本初原因和底层逻辑。改革开放四十余年来,浙江出现了令人瞩目的"浙江现象",表现为快速的经济增长、蓬勃的发展活力、和谐的社会环境、显著的民生绩效。"浙江现象"源于浙江精神和浙江的文化基因。正确界定、充分挖掘浙江文化的内涵价值,解码浙江的文化基因,对于构建起有效支撑文化建设和旅游发展的"四梁八柱",推动文化建设和旅游发展各项指标持续名列全国前茅,着力建设新时代文化高地、中国最佳旅游目的地、全国文化和旅游融合发展样板地具有重要而深远的意义。

如何寻找突破口?各地在选"码"、解"码"、用"码"的整个闭环中,成立解码专项小组,构建"乡土专家+高校资源+系统人才"三方协作机制,高效推进解码工程。首批编辑出版的"浙江文化基因丛书"中汇集的富阳、南浔、南湖、绍兴、瑞安、平阳、苍南、普陀、岱山、嵊泗、定海、临海、南孔圣地、开化、常山、金华(经开区)、遂昌、云和、景宁、宁波江北等地的研究成果,正是在归纳总结、科学分析浙江文化基因的基础上,探索文化基因解码的方法和路径,同时从人类学、社会学的角度,运用现象学原理,在哲学层面进行解构、剖析,既有理论深度,又能方便应用。丛书勾勒出各地推进文化基因解码工程的概貌。成果本身的内容、方法、转化等,对各地都有很强的示范作用和借鉴意义。

可以说,"浙江文化基因丛书"中的成果,以浙江文化高质量发展为目标,以融合发展为重点,紧扣激活优秀文化基因,以文化基因的挖掘利用赋能文化事业和文旅产业发展,为我省文旅发展再上新台阶、为文化浙江建设贡献了力量。

叶志良
2024 年秋于杭州

目 录

前 言	001
红船精神	003
嘉兴南湖中共一大会址	015
嘉兴粽子	029
嘉兴攒牛	043
子城遗址	055
沈钧儒故居	065
浙江清华长三角研究院	077
烟雨楼	091
南湖画舫制作技艺	105
嘉兴南湖菱	117
朱生豪故居	129
月河历史街区	143
杉青闸遗址	157
高以永	169
《鸳鸯湖棹歌》	183
嘉兴三塔	197
瓶山	209
南湖合唱	221

嘉兴端午习俗	235
"浙江文化基因丛书"后记	247

前 言

嘉禾百咏咏不足，鸳鸯棹歌唱南湖。嘉兴南湖，历史文化底蕴深厚，自然风光优美，自古以来就是"丝绸之府、鱼米之乡"，享有"江东一大都会"的美誉。这里气候宜人、物产丰富，水中奇品南湖菱和中华传统美食嘉兴粽子更是闻名遐迩。

南湖是江南著名的历史古城、文化名城。物华天宝，人杰地灵，历代名人辈出，文化底蕴深厚，是中国革命红船的启航地、马家浜文化的发源地、儒商文化的发祥地。我们应充分挖掘和传承南湖的文化基因，推动文化遗产的保护与传承，深入研究南湖文化的内涵，揭示南湖文化的独特魅力，为文化的传承与发展提供科学依据。

本书立足南湖深厚的历史文化积淀，从南湖区文化基因的历史文化源流、文化影响力角度出发，汇聚各方力量，积极开展文化基因的挖掘整理。通过全面调研、走访和记录，筛选重点，为文化遗产保护与传承提供科学依据，为南湖区打造新时代文化高地奠定基础。

未来，我们将着眼文旅转化利用，全面激活南湖文化基因，打造南湖的文化金名片。将文化基因的活化应用、文化遗产保护传承深度融合，为高质量发展建设共同富裕示范区作出新贡献。在推进文化融合发展上，进一步激发南湖区文化领域的创新创造活力。让我们共同期待南湖文化繁荣的美好未来！

沈军

2024年3月

红船精神

嘉禾南湖 南湖文化基因

红船精神

1921年，中国共产党第一次全国代表大会先后在上海和嘉兴南湖举行，正式宣告了中国共产党的成立。嘉兴南湖的红船从此成为中国共产党百年跋涉奋进的历史起点，它承载着伟大的历史使命，播下了中国革命的火种，开启了中国共产党的跨世纪航程。

中国共产党从建党之初仅有50多名党员，已成长为今天拥有9918.5万名党员[1]的世界第一大执政党。党领导人民浴血奋战、百折不挠，创造了新民主主义革命的伟大成就；自力更

---

[1] 中共中央组织部《中国共产党党内统计公报》显示，截至2023年12月31日，中国共产党党员总数为9918.5万名。

生、发愤图强，创造了社会主义革命和建设的伟大成就；解放思想、锐意进取，创造了改革开放和社会主义现代化建设的伟大成就；自信自强、守正创新，创造了新时代中国特色社会主义的伟大成就。①习近平总书记在庆祝中国共产党成立100周年大会上进一步强调："中国产生了共产党，这是开天辟地的大事变，深刻改变了近代以后中华民族发展的方向和进程，深刻改变了中国人民和中华民族的前途和命运，深刻改变了世界发展的趋势和格局。"②

是怎样的力量在支撑着一代又一代中国共产党人以永不懈怠的精神状态和一往无前的奋斗姿态，推动革命、建设和改革的伟大事业不断向前发展呢？2005年6月21日，时任中共浙江省委书记的习近平同志在《光明日报》上发表《弘扬"红船精神"走在时代前列》的署名文章，首次提出并阐释了"红船精神"，阐述了中国共产党的源头精神。开天辟地、敢为人先的首创精神，坚定理想、百折不挠的奋斗精神，立党为公、忠诚为民的奉献精神，是中国革命精神之源，也是"红船精神"的深刻内涵。③

习近平总书记强调："世界上没有哪个党像我们这样，遭遇过如此多的艰难险阻，经历过如此多的生死考验，付出过如此多的惨烈牺牲。一百年来，在应对各种困难挑战中，我们党锤炼了不畏强敌、不惧风险、敢于斗争、勇于胜利的风骨和品质。这是我们党最鲜明的特质和特点。在一百年的非凡奋斗历程中，一代又一代中国共产党人顽强拼搏、不懈奋斗，涌现了一大批视死如归的革命烈士、一大批顽强奋斗的英雄人物、一大批忘我奉献的先进模范，形成了井冈山精神、长征精神、遵义会议精神、延安精神、西柏坡精神、红岩精神、抗美援朝精神、'两弹一星'精神、特区精神、抗洪精神、抗震救灾精神、抗疫精神等伟大精神，构筑起了中国共产党人的精神谱系。我们党之所以历

---

① 《中共中央关于党的百年奋斗重大成就和历史经验的决议》，新华网，2021年11月16日。
② 习近平：《在庆祝中国共产党成立100周年大会上的讲话》，《人民日报》2021年7月2日第2版。

③ 习近平：《弘扬"红船精神" 走在时代前列》，《人民日报》2017年12月1日第2版。

经百年而风华正茂、饱经磨难而生生不息,就是凭着那么一股革命加拼命的强大精神。"①

2017年10月31日,党的十九大闭幕仅一周,习近平总书记带领中共中央政治局常委赴上海和浙江嘉兴,瞻仰上海中共一大会址和浙江嘉兴南湖红船,再次阐述了"红船精神",强调要结合时代特点大力弘扬"红船精神"。②

在世界百年未有之大变局进入加速演变期,在中国特色社会主义事业建设和发展的历程中和中华民族伟大复兴的征途上,面对新挑战、新机遇、新形势、新任务,当代共产党人应努力深入思考时代特点,继承弘扬首创精神、奋斗精神、奉献精神,因地、因事制宜,破解难题,攻关取胜。

中国共产党这艘历史性的红船,承载着党的初心和使命,劈波斩浪,经历了种种艰难曲折,胜利地驶过了百年航程,感召着一代又一代中国共产党人为党的事业,不惧风吹雨打,穿越惊涛骇浪。如今,小小的红船历经百年,已变成巍巍巨轮,行驶在复杂多变的大江大河中。在开启全面建设社会主义现代化国家新征程中,我们更要以红船精神为指引,凝心聚力,不懈奋斗,推动承载着中国人民伟大梦想的航船破浪前行,胜利驶向光辉的彼岸。我们必须坚持和发扬"红船精神",坚定理想信念,增强忧患意识,恪尽职守,坚韧不拔,矢志拼搏,艰苦创业,为全面建设社会主义现代化国家而团结奋斗。

---

① 习近平:《在党史学习教育动员大会上的讲话》,《求是》2021年第7期。
② 《习近平在瞻仰中共一大会址时强调:铭记党的奋斗历程时刻不忘初心 担当党的崇高使命矢志永远奋斗》,《人民日报》2017年11月1日第1版。

一、要素分解

（一）物质要素

象征中国革命精神之源的红船

1921年8月初，中国共产党第一次全国代表大会由上海转移到嘉兴南湖一艘游船上继续举行并闭幕，庄严宣告了中国共产党的诞生。这艘游船因而获得了一个永载中国革命史册的名字——红船，成为中国革命精神之源的象征。为了纪念中共一大在南湖游船上胜利闭幕这一历史事件，1959年，嘉兴当地在中央和省委指示下，仿制了一条当年一大开会的游船（当年南湖的游船已不复存在），停泊在烟雨楼前的水面上。1964年4月5日，一大代表董必武重访嘉兴南湖，仔细察看纪念船后题诗："革命声传画舫中，诞生共党庆工农。重来正值清明节，烟雨迷蒙访旧踪。"1991年3月18日，彭真同志登临纪念船说："这船不大，但前途远大，有了这艘船，才诞生了社会主义中华人民共和国。"

（二）精神要素

1. 开天辟地、敢为人先的首创精神

首创精神体现在中国共产党创建时期的社会历史条件、早期共产党人的追求和他们改变近现代中国社会命运的迫切愿望中。当古老的中国正遭遇危难时,站在历史发展的潮头,在艰难环境中,经过艰辛探索和反复比较,中国共产党以敢为人先的首创精神,坚定地选择了马克思列宁主义作为自己的指导思想。十月革命的一声炮响给我们送来了马列主义,但是并没有给我们送来红船前进的准确道路,也没有送来农村包围城市、武装夺取政权的道路。正是因为中国共产党人以开天辟地、敢为人先的首创精神,将马克思主义作为自己的行动指南,并时刻与中国实际相结合,开辟出新航道,中华民族才实现了从百年屈辱到站起来、富起来再到强起来的伟大飞跃。

2. 坚定理想、百折不挠的奋斗精神

中共一大能在险境中召开,靠的就是坚定的理想信念。共产党在敌对势力的阻挠下,由上海转移到嘉兴,在南湖游船上完成了缔造中国共产党的使命,靠的就是百折不挠的革命精神。在革命年代,无论是建立革命政党、传播革命思想,还是发展革命事业,没有一件不是抛头颅、洒热血的事业。在严苛的革命环境中,中国共产党之所以能够诞生并发展壮大,离不开共产党人坚定的理想信念和百折不挠的革命精神。正是有了这种坚定理想、百折不挠的奋斗精神,中国共产党才能从南湖红船启航,劈波斩浪,一往无前,驶入井冈山、驶入延安、驶入天安门、驶向全世界。

3. 立党为公、忠诚为民的奉献精神

中国共产党是出于拯救劳苦大众的信念而登上中国政治舞台的。《中国共产党第一个纲领》写道:"革命军队必须与无产阶级一起推翻资本家阶级的政权,必须支援工人阶级,直到社会的阶级区分消除为止。"[①] 此纲

---

① 中共中央文献研究室、中央档案馆:《建党以来重要文献选编》第一册,中央文献出版社,2011年,第1页。

领文字不多，只有 15 条，却勾勒出了中国共产党人的初心，即立党为公、忠诚为民的奉献精神。历经百余年，中国共产党仍具有勃勃生机，根本就在于始终同人民想在一起、干在一起，靠的是千千万万党员的忠诚奉献。

（三）制度要素

中国共产党精神谱系

在中国共产党的奋斗历程中，形成了一个脉络清晰的精神谱系，包括井冈山精神、长征精神、延安精神等新民主主义革命时期的精神成果，抗美援朝精神、雷锋精神、"两弹一星"精神等社会主义革命和建设时期的精神成果，特区精神、抗洪精神、抗震救灾精神等改革开放和社会主义现代化建设新时期的精神成果，脱贫攻坚精神、抗疫精神、丝路精神等中国特色社会主义新时代的精神成果。这些精神成果，都是我党宝贵的精神财富，值得我们深入研究和大力弘扬。

二、核心基因提取与评价

基于对材料的全面、深入分析，我们得出本文化元素的核心基因："开天辟地、敢为人先的首创精神""坚定理想、百折不挠的奋斗精神""立党为公、忠诚为民的奉献精神"。

红船精神核心文化基因评价依据

评价项目	评价因子	评价依据（特点）	是否
生命力评价	文化基因存续的时间	自出现起延续至今，未曾明显中断	√
		自出现起延续至今，但多次衰微、中断后复兴	
		曾明显衰败，改革开放后开始复兴或历史溯源关键环节缺失，难以考证	
		文化形态主体已灭失，现存部分痕迹	
	文化基因的稳定性	在发展过程中保持相当稳定的状态	√
		在发展过程中存在明显的精神内涵、表现形式剧变	
凝聚力评价	文化基因的凝聚力及社会动员效果	曾广泛凝聚起区域群体的力量，显著推动过社会经济文化的发展	√
		曾部分凝聚起区域群体力量，对社会经济文化的发展产生过影响	
		凝聚过力量，创造出实际的发展动能，但未见对社会经济文化发展产生显著改变	
		仅在历史文献或口耳相传中存在，未见实际介入社会经济发展	

续表

评价项目	评价因子	评价依据（特点）	是否
影响力评价	辐射的范围	具有全国性、世界性的影响力	√
		具有长三角区域、浙江省影响力	
		具有市县、乡镇影响力	
	提炼的高度	已经被古代文人士大夫和当代学者提炼为精神符号和理念理论	√
		单纯的样式、造型、工艺技术规范	
发展力评价	与当代精神追求和价值观念的契合	传统文化基因得到创造性转化、创新性发展；区域革命文化基因被完整继承、广泛弘扬；区域社会主义先进文化基因成为与浙江"三个地"相适应的文化高地	√
		部分转化、部分弘扬、部分发展	
		难以转化、难以弘扬、难以发展	

说明：基因特点评价是对解码出来的基因，根据本《导则》表2的要求，围绕"四个力"逐一对表打"√"，进行定性表述。

（一）生命力评价

红船精神贯穿整个中国共产党党史，它思想深邃、内涵丰富，具有穿越历史的永恒生命力。当13名代表在石库门和红船上描绘理想和奋斗目标的时候，也为中国共产党奠定了初心和使命。在艰苦的征程中，有成千上万的共产党人前仆后继、浴血奋斗。中国革命、建设和改革的胜利是红船精神三大核心基因——"开天辟地、敢为人先的首创精神""坚定理想、百折不挠的奋斗精神""立党为公、忠诚为民的奉献精神"继承和弘扬的丰硕成果，也从某个角度体现出三大核心基因延续时间之长、生命力之旺盛。

（二）凝聚力评价

红船精神是中国革命精神之源，同井冈山精神、长征精神、延安精神、西柏坡精神等一道，伴随中国革命的光辉历程，共同构成我们党在前进道路上战胜各种困难和风险挑战，不断取得新胜利的强大精神力量和宝贵精神财富。它凝聚起整个中华民族的力量，最终实现了民族独立、人民解放和国家富强。因此，其三大核心基因曾广泛凝聚起群体的力量，显著推动社会经济文化的发展。

（三）影响力评价

在红船精神等引领下，党团结带领人民实现了中华民族从"东亚病夫"到站起来的伟大飞跃，实现了中华民族从站起来、富起来到强起来的伟大飞跃，创造了足以让中国人民引以为豪的辉煌历史。在世界舞台上，中国共产党已发展成为一个走过百年光辉历程、拥有9900多万名党员的马克思主义执政党。因此，红船精神具有全国性、世界性的影响力。

（四）发展力评价

红船精神是历史的产物，它不仅属于过去，而且在新时代继续为党所珍视，因为它具有为未来指引方向的现实意义，即红船精神的主要内容在习近平新时代中国特色社会主义思想中有充分体现，红船精神的价值和意义不仅在战争年代表现尤为突出，而且在和平建设时期党依然强调红船精神的现实鼓舞作用。因此，红船精神的核心基因"开天辟地、敢为人先的首创精神""坚定理想、百折不挠的奋斗精神""立党为公、忠诚为民的奉献精神"得到了完整继承、广泛弘扬。

三、核心基因保存

"开天辟地、敢为人先的首创精神""坚定理想、百折不挠的奋斗精神""立党为公、忠诚为民的奉献精神"作为红船精神的核心基因，有《"红船精神"永放光芒》等9项文字资料，保存于嘉兴市南湖区文化基因解码调查组资料库中。另外，出版物有《红船故事》（浙江人民美术出版社2020年版）、《红船精神》（四川人民出版社2019年版）、《红船映初心》（人民出版社2018年版）、《红船精神问答》（浙江人民出版社2018年版）、《红船精神研究史略》（中国社会科学出版社2020年版）、《红船精神：启航的梦想》（外文出版社2017年版）等。实物材料南湖革命纪念船位于嘉兴市南湖风景名胜区内，南湖革命纪念馆位于嘉兴市南湖区七一广场。

嘉兴南湖中共一大会址

嘉禾南湖　南湖文化基因

嘉兴南湖中共一大会址

1921年，中国共产党第一次全国代表大会先后在上海和嘉兴南湖举行，正式宣告了中国共产党的成立。江南风景名胜、浙江三大名湖之一的嘉兴南湖从此成为中国共产党百年跋涉奋进的历史起点，也成为中国社会发生沧桑巨变的历史起点。

中国从近代以来在震荡中变迁。辛亥革命后，一批知识分子思考、寻找中国发展进步的道路。马克思主义传入中国以及俄国十月革命、中国五四运动的发生，为中国共产党的诞生做了思想上的准备。1920年，以李大钊、陈独秀为代表的先进分子积极联络，商讨、酝酿建立中国共产党事宜。在共产国际代表的帮助下，从1920年8月到1921年春，中国先后有6个城市建立起共产党早期组织，开展了一系列革命活动。星火初燃，召开中国共产党全国代表大会的问题提上了日程。在共产国际代表的建议下，主持上海党组织工作的李达、李汉俊同当时在广州的陈独秀、在北京的李大钊通过书信商议，决定在上海召开中国共产党第一次全国代表大会。随即，他们写信通知北京、武汉、长沙、济南、广州和旅日的党组织，各派两名代表到上海出席会议。

1921年7月中下旬，中国共产党第一次全国代表大会在上海法租界望志路106号（今兴业路76号）秘密召开。在这座砖木结构的旧式石库门住宅中，上海的李达、李汉俊，北京的张国焘、刘仁静，长沙的毛泽东、何叔衡，武汉的董必武、陈潭秋，济南的王尽美、邓恩铭，广州的陈公博，旅日的周佛海，受陈独秀派遣的包惠僧，以及共产国际代表马林和尼克尔斯基，齐聚一堂，出席会议。然而，顺利进行的会议后被突如其来的不速之客打断，一名陌生的中年男子闯入会场。马林立即断定此人是敌探，建议会议中止。

随即大部分代表迅速转移，留下李汉俊等人善后。十几分钟后，两辆警车来到住宅，入室搜查。由于安全问题，会议无法继续在上海举行，代表们在讨论后接受了李达之妻王会悟的建议，到浙江嘉兴南湖去开会。

嘉兴地处太湖流域，紧邻大运河，自古是江南名城，嘉兴南湖更是江南名胜。嘉兴南湖上的丝网船做工精巧，结构考究，常被用来供游人在湖上游览。

1921年8月2日，王会悟等人提前到嘉兴做好开会的准备工作，并雇了一只中号的丝网船作为会议场所。次日，代表们从上海北站坐早班火车来到嘉兴，由王会悟带领坐摆渡船到湖心岛，再由小拖梢船接上王会悟预雇的开会游船。

上午11时，代表们以游湖为名把船停泊在烟雨楼东南方向的僻静水域，中国共产党第一次全国代表大会的最后一次会议在一艘游船上召开。会议继续着上海的议题，首先讨论《中国共产党第一个纲领》，确定了党的名称、党的纲领，还对党的组织原则、组织机构和发展党员等作了明确的规定。《纲领》兼有党纲和党章的重要内容，是我们党的第一个正式文献。紧接着，代表们讨论并通过《中国共产党第一个决议》，主要是决定今后党的中心工作和工作方针，并作出安排部署。午饭后，代表们开始讨论《中国共产党成立宣言》，围绕如何对待孙中山的南方政府和徐世昌的北洋政府问题进行深入讨论。最后，代表们选举了中央领导机构——中央局，选举陈独秀任书记，张国焘负责组织，李达负责宣传。党的第一个中央机关由此产生。南湖会议完成了在上海开始的所有议程。下午6时左右，会议全部议程结束，胜利闭幕，代表们轻轻齐呼"第三国际万岁""中国共产党万岁"。①

中国共产党的成立是近代以来实现中华民族伟大复兴的重要里程碑，中国共产党人用自己的鲜血和生命写下了中国革命绚丽画卷中的感人篇章，谱写了一曲曲为中国人民谋幸福、为中华民族谋复兴的英雄赞歌。2017年10月31日，习近平总书记带领中共中央政治局常委专程前往上海和浙江嘉兴，瞻仰上海中共一大会址和浙江嘉兴南湖红船，他指出，"上海党的一

---

① 李忠杰：《伟大的历史起点》，《解放军报》2021年4月6日第5版。

大会址、嘉兴南湖红船是我们党梦想起航的地方。我们党从这里诞生，从这里出征，从这里走向全国执政。这里是我们党的根脉"。①

与此同时，南湖上的红船成为中国共产党创建的标志。2005年6月21日，时任中共浙江省委书记的习近平同志在《光明日报》发表《弘扬"红船精神" 走在时代前列》一文，明确指出："一个大党诞生于一条小船"，"1921年8月初，中国共产党第一次全国代表大会在浙江嘉兴南湖的一条游船上胜利闭幕，庄严宣告中国共产党的诞生。这条游船因而获得了一个永载中国革命史册的名字——红船"。②

---

① 《习近平在瞻仰中共一大会址时强调：铭记党的奋斗历程时刻不忘初心 担当党的崇高使命矢志永远奋斗》，《人民日报》2017年11月1日第1版。
② 习近平：《弘扬"红船精神" 走在时代前列》，《人民日报》2017年12月1日第2版。

南湖红船代表和昭示了开天辟地、敢为人先的首创精神，坚定理想、百折不挠的奋斗精神，立党为公、忠诚为民的奉献精神。中国共产党这艘历史性的航船，承载着党的初心和使命，劈波斩浪，经历了种种艰难曲折，胜利地驶过了百余年航程，还将继续驶向新的未来。

时刻不忘来时路、砥砺奋进新时代，作为中国革命红船起航地、红船精神发源地和红色根脉所在地，嘉兴市南湖区大力弘扬红船精神，以南湖、红船、红船精神等红色文化资源为核心，着力打造红色文旅融合新高地，并将其作为传承红色基因的重要抓手，连续多年开展"红船之歌文化节"等区域性文化经贸活动，组织本地文化企业参加文化博览活动，打响了嘉兴南湖"红色文产"知名度，扩大了红色产业规模，为讲好南湖红色故事、守护和传承红色根脉作出了卓越的贡献。

一、要素分解

（一）物质要素

1. 风韵独具、静谧宜人的南湖

嘉兴南湖地处太湖流域，紧邻大运河，自古是江南名胜。它与杭州西湖、绍兴东湖齐名，是浙江三大名湖之一。湖内有亭台楼阁、小桥长堤、林木房舍，风景如画。湖中有岛，岛上有堤，亭阁、长廊、假山、花台，疏密相间。千百年来，文人墨客为南湖留下了无数的诗篇和画卷。嘉兴南湖上的丝网船做工精巧，结构考究，常被用来供游人在湖上游览，十分适合召开秘密会议。中国共产党第一次全国代表大会先后在上海和嘉兴南湖举行，正式宣告了中国共产党的成立。嘉兴南湖从此成为中国共产党百年跋涉奋进的历史起点之一，也成为中国社会发生沧桑巨变的历史起点之一。

2. 庄严巍峨的南湖革命纪念馆

南湖革命纪念馆是嘉兴南湖中共一大会址的宣传、保护、管理机构，属于近现代纪念性专题纪念馆。南湖革命纪念馆始建于1959年10月。2001年，嘉兴南湖中共一大会址被公布为全国重点文物保护单位。2006年6月28日，南湖革命纪念馆新馆始建，时任浙江省委书记的习近平同志亲自奠基。2011年，纪念馆于中国共产党成立90周年前夕落成开放。扩建后的南湖革命纪念馆总建筑面积19217平方米，其中展厅面积8000平方米。新馆由"一主两副"三幢建筑组成，呈"工"字造型。建筑四周有56根檐柱，形象烘托出"中国共产党是中国工人阶级的先锋队，是中国人民和中华民族的先锋队，同时也是中国特色社会主义事业领导核心"的深刻寓意。外墙采用大规格青面砖，使整座建筑既体现了庄重大气的风格，又展现了浓郁的江南文化元素。主体建筑俯瞰呈镰刀铁锤党徽形状，总高为19米，两层，顶部矗立高6米井字形外方内圆的丰功牌坊，门上方镶嵌邓小平同志题写的"南湖革命纪念馆"七个金色大字，馆内分党史陈列、文物库房、接待室、管理设施四个部分。这里展出的实物和图片，同上海中共一大会址的展览互为印证，翔实记录了中国共产党诞生的历史全貌。

（二）精神要素

激励百年奋斗的红船精神

1921年，作为中国共产党第一次全国代表大会的代表，一群原本散落在五湖四海的中国人因共同的理想和信念，经过艰苦辗转的旅途，抵达上海，聚到一起。他们中年龄最长的45岁，最年轻的仅19岁，平均年龄28岁左右。他们以改天换地的豪迈气概，一心要在中国这块古老的国土上创立一个崭新的、合理的、正义的社会。在南湖游船上，他们庄严宣告了中国共产党的诞生。从此，中国革命有了坚定的理想信念，中国共产党人有了强大的精神支柱。南湖的这条小船也获得了一个永载中国革命史册的名字——红船。习近平总书记以"红船精神"为名，概括总结了中国共产党创始者们身上所具备的伟大精神，并将其提炼为三条：开天辟地、敢为人先的首创精神；坚定理想、百折不挠的奋斗精神；立党为公、忠诚为民的奉献精神。这些内容具有高度凝练的特点，展现了中国共产党百年奋斗实践中形成的各种革命精神的源头意义，中国共产党的优良传统和革命精神与之有着直接的渊源关系。

（三）语言和象征符号

象征中国革命精神之源的红船

1921年8月初，中国共产党第一次全国代表大会由上海转移到嘉兴南湖一艘游船上继续举行并闭幕，庄严宣告了中国共产党的诞生。1959年，为了纪念中共一大在南湖游船上胜利闭幕这一历史事件，在中央和省委指示下，嘉兴仿制了一条当年一大开会的游船（当年南湖的游船已不复存在），以资纪念，教育后人。

二、核心基因提取与评价

基于对材料的全面、深入分析，得出本文化元素的核心基因："风韵独具、静谧宜人的南湖""激励百年奋斗的红船精神""象征中国革命精神之源的红船"。

嘉兴南湖中共一大会址核心文化基因评价依据

评价项目	评价因子	评价依据（特点）	是否
生命力评价	文化基因存续的时间	自出现起延续至今，未曾明显中断	√
		自出现起延续至今，但多次衰微、中断后复兴	
		曾明显衰败，改革开放后开始复兴或历史溯源关键环节缺失，难以考证	
		文化形态主体已灭失，现存部分痕迹	
	文化基因的稳定性	在发展过程中保持相当稳定的状态	√
		在发展过程中存在明显的精神内涵、表现形式剧变	
凝聚力评价	文化基因的凝聚力及社会动员效果	曾广泛凝聚起区域群体的力量，显著推动过社会经济文化的发展	√
		曾部分凝聚起区域群体力量，对社会经济文化的发展产生过影响	
		凝聚过力量，创造过实际的发展动能，但未见社会经济文化发展产生显著改变	
		仅在历史文献或口耳相传中存在，未见实际介入社会经济发展	

续表

评价项目	评价因子	评价依据（特点）	是否
影响力评价	辐射的范围	具有全国性、世界性的影响力	√
		具有长三角区域、浙江省影响力	
		具有市县、乡镇影响力	
	提炼的高度	已经被古代文人士大夫和当代学者提炼为精神符号和理念理论	√
		单纯的样式、造型、工艺技术规范	
发展力评价	与当代精神追求和价值观念的契合	传统文化基因得到创造性转化、创新性发展；区域革命文化基因被完整继承、广泛弘扬；区域社会主义先进文化基因成为与浙江"三个地"相适应的文化高地	√
		部分转化、部分弘扬、部分发展	
		难以转化、难以弘扬、难以发展	

说明：基因特点评价是对解码出来的基因，根据本《导则》表2的要求，围绕"四个力"逐一对表打"√"，进行定性表述

（一）生命力评价

"风韵独具、静谧宜人的南湖""激励百年奋斗的红船精神""象征中国革命精神之源的红船"三大核心基因自出现起，延续至今，未曾明显中断，在发展过程中保持相当稳定的状态。"风韵独具、静谧宜人的南湖"自古以来是江南风景名胜，湖上风景秀丽，游人络绎不绝，是安全、易于隐蔽的场所，适合作为中共一大的第二会址。如今的南湖保留了良好的自然景观风貌，已成为国家AAAAA级旅游景区。"激励百年奋斗的红船精神"形成于充满动荡和剧变的20世纪20年代。彼时的中华民族遭受了前所未有的苦难，无数仁人志士苦苦寻求救国存亡之路。1921年，13位中国人因共同的理想信念，抵达上海，聚到一起，以改天换地的豪迈气概，一心要在中国创立一个崭新的、合理的、正义的社会。最终在南湖游船上，他们

庄严宣告了中国共产党的诞生。历经百年奋斗，中国共产党带领人民实现了中华民族从站起来、富起来到强起来的伟大飞跃，创造了足以让中国人民引以为豪的辉煌历史。红船精神是中国革命的理想信念和国民顽强奋斗的精神支柱。"象征中国革命精神之源的红船"始终是红船精神的载体。当年南湖的游船虽已不存，但红船形象凭借1959年嘉兴当地仿制的一大游船而得以重现，并且一直停泊在烟雨楼前的水面上，成为后代缅怀先烈、汲取精神力量的重要源泉。

（二）凝聚力评价

"风韵独具、静谧宜人的南湖""激励百年奋斗的红船精神""象征中国革命精神之源的红船"曾广泛凝聚起区域群体甚至全国人民的力量，显著推动过社会经济文化的发展。嘉兴南湖中共一大会址是中国共产党确立初心和使命的地方，也是共产党带领整个中华民族争取民族独立、人民解放和实现国家富强、人民幸福的出发点，记录着一个古老民族在血泪中的觉醒、彷徨后的奋起。近代以来，在外国列强入侵和封建腐朽统治下，中国错失了工业革命的发展机遇，积贫积弱的旧中国迫切需要一个引领人民创造新历史的坚强领导核心。心怀"为中国人民谋幸福、为中华民族谋复兴"的初心和使命，一代代共产党人前赴后继，完成了近现代中国的两大历史任务，南湖上的红船形象、红船精神正是这不竭凝聚力量的源泉。在新时代，南湖、红船亦不断见证中国共产党人的初心和使命，诠释着中国共产党人百年再出发的担当与情怀，激励着每一个共产党人永葆政治本色，勇于担当作为，并以更加饱满的热情投入工作，努力为党和人民争取更大光荣。

（三）影响力评价

中共一大的召开不仅是中华民族寻求中国现代化之路上的一次伟大尝试，也是马克思主义在亚洲传播的重要成果和里程碑。在过去的百余年间，从建党的开天辟地，到新中国成立的改天换地、改革开放的翻天覆地，再到新时代中国特色社会主义取得的历史性成就、发生的历史性变革，党带领人民实现了中华民族从"东亚病夫"到站起来的伟大飞跃，实现了中华民族从站起来、富起来到强起来的伟大飞跃，创造了令世界瞩目的辉煌历史。在世界舞台上，中国共产党从13位代表，已发展成为一个走过百年光辉历程、拥有9900多万党员的世界上最大的马克思主义执政党。因此，嘉兴南湖中共一大会址的三大核心基因"风韵独具、静谧宜人的南湖""激励百年奋斗的红船精神""象征中国革命精神之源的红船"，作为中国共产党的诞生地、精神代表、精神载体而受到海内外的关注，因而具有全国性、世界性的影响力，已经被当代学者提炼为精神符号和理念理论。

（四）发展力评价

"风韵独具、静谧宜人的南湖""激励百年奋斗的红船精神""象征中国革命精神之源的红船"三大核心基因作为区域革命文化基因已被完整继承、广泛弘扬。红船精神以南湖、红船为载体，激励着共产党人永葆初心、永担使命、砥砺前行。近年来，作为中国革命红船起航地、红船精神发源地和红色根脉所在地，嘉兴市南湖区大力弘扬以"开天辟地、敢为人先的首创精神，坚定理想、百折不挠的奋斗精神，立党为公、忠诚为民的奉献精神"为内涵的红船精神，使南湖红船由此成为三大核心基因传承和传播的重要基地和教育场所。

三、核心基因保存

"风韵独具、静谧宜人的南湖""激励百年奋斗的红船精神""象征中国革命精神之源的红船"作为嘉兴南湖中共"一大"会址的核心基因,有《魂牵梦萦系红船》《伟大的历史起点》《1921年7月:开天辟地的大事变》等10项文字资料,保存于嘉兴市南湖区文化基因解码调查组资料库中。另外,出版物有《烟雨红船:母亲船的故事》(中共党史出版社2021年版)、《中共一大嘉兴南湖会议研究》(中共党史出版社2018年版)、《革命圣地嘉兴南湖印谱》(西泠印社出版社2001年版)等。实物材料南湖风景名胜区位于嘉兴市南湖区,南湖革命纪念船位于嘉兴市南湖风景名胜区内,南湖革命纪念馆位于嘉兴市南湖区七一广场。

嘉兴粽子

嘉禾南湖　南湖文化基因

嘉兴粽子

粽子是我国传统食品之一，历史悠久，文化积淀深厚。在距今约一万年的石烹时代，中华民族的先祖就有用植物叶子包裹食材后烹煮的饮食习俗。他们先在地上挖坑，坑中垫兽皮，再往兽皮内注水，投入用火烧烫的石子使水沸腾，煨煮用植物叶子包裹的原料，直至煮熟。这大概是中华民族最早的"粽子"。

在古代祭祀礼制中，牛是最高等级祭祀礼——"太牢"中的代表性祭品。由于物质财富有限，人们用形似黄牛牛角的"角黍"作为替代品，即是早期初步成形的粽子。

在嘉兴地区，粽子的历史源远流长。五六千年前，嘉兴先民孕育了长江下游太湖流域早期新石器文化的代表——马家浜文化。据考古发掘，当时经济生活以农业为主，种植籼稻，稻作文明成就显著。汉唐以来，嘉兴逐步发展成为中国历史上主要的稻作区，被誉为"天下粮仓"。唐代李翰在《苏州嘉兴屯田纪绩颂》中云："嘉禾一穰，江淮为之康；嘉禾一歉，江淮为之俭。"至明代，粽子的制作逐渐形成风俗，在嘉兴一带颇受欢迎。明朝万历《秀水县志》卷一云："端午贴符、悬艾、啖角黍、饮蒲黄酒，妇女制绘为人形佩之，曰健人，幼者系彩索于臂。"明朝崇祯《嘉兴县志》卷十五云："五日为端阳节，祀先，收药草，食角黍。"与此同时，随着食用粽子习俗的不断发展，粽子的制作技艺日渐成熟。

到了清代，嘉兴民间食粽的习俗更为丰富。清代《古禾杂识》卷一云："清明日，攀柳条，插户镮，小儿女发间缀柳叶。俗竞以是日前后上墓祭扫，焚烧纸钱，村人聚观，分饷角黍。""重午日，梁间贴朱砂辟邪符，胆瓶供葵花、艾叶，正午饮菖蒲雄黄酒。闺人作蟾蜍袋、蒜葫芦、金蜘蛛、绢老虎、钗梁缀、健人符。市上筛锣击鼓，跳黑面钟馗、红髯天师；南湖观竞渡。""是日食角黍，谚云：'未吃端午粽，寒衣不可送。'"卷三云："寒食节，有青团灰粽。乡人则作茧团，其形如茧，以祈蚕也。立夏节有麦芽团；端午节有端午粽；七夕有馓子、油堆；中秋有荤素月饼；重阳有栗糕，上插小红旗四面；腊月祀灶有汤团、赤豆饭；新岁有年糕、元宝、寿桃等。"

直至清朝末期，嘉兴一带城乡地区每逢春节、清明节、端午节，几乎家家户户都要包粽子。粽子不仅是家庭的节令和常备食品，而且作为礼品馈赠亲友，许多城镇还出现了专售粽子的店铺。《古禾杂识》卷二云："[受福增]禾城四门，风景各殊。昔谚有曰：'北门米脚子，南门大粽子，西门叫花子，东门摆架子。'盖北市向多米行；南市极短，止通乡僻，无大店铺，仅见粥糕团小经营，而某家角黍最大，乡下人竞趋之。"可见，粽子已然成为民间流传甚广的美食。

至今，嘉兴老百姓除了在端午、清明吃粽子外，还在春节吃粽子，以示"有始有粽（终）"。在嘉兴很多地方，除了节日之外，人们也以粽子馈赠亲邻、朋友。如造新房、搬家时送粽子，寓意喜庆平安。嘉兴农村一带还有将粽子作为新婚喜礼的习俗：

新娘子回门将粽子带回娘家，同时又将娘家粽子回赠给婆家，讨个早生贵子的好彩头。

海宁斜桥镇等地有送"蚕讯粽"习俗；嘉善丁栅镇有端午吃"篙秧粽"的习俗，即以篙秧替代粽箬裹粽子。篙秧是湖里篙草的叶子，端午节时天气炎热，篙秧长得十分茂盛，当地人采下新鲜的篙秧作为粽子的外壳，选用糯米放于有豆壳灰的水中浸后，再放入去皮的蚕豆，裹成三角形的粽。这种粽子色泽碧绿，清凉解毒。

除了传统习俗对嘉兴粽子的流播产生重要影响外，嘉兴地区悠久灿烂的点心文化也推动了粽子制作技艺的发展。明朝中叶的饮食丰富，嘉兴、湖州一带的茶食品种丰盛而且十分精巧细腻，被称为"嘉湖细点"，誉满江南。嘉兴粽子受"嘉湖细点"茶食制作技艺的影响颇深。周作人《再谈南北的点心》一文记云："点心铺招牌上有常用的两句话，我想借来用在这里，似乎也还适当，北方可以称为'官礼茶食'，南方则是'嘉湖细点'……"至清朝末期，茶食品种之多不可胜数，粽子就是其中的代表之一。

近年来，随着五芳斋、真真老老等嘉兴粽子品牌的产生、崛起、发展壮大，我国裹粽、吃粽的风俗发展至鼎盛时期。五芳斋粽子博采各地粽子之长，在外形上进行了创新，形成了别致美观的四角粽。在口味上，嘉兴粽子既保留了早期的鲜肉粽、豆沙粽等主要经典品种，又研发了红烧排骨粽、鲍汁牛柳粽、南湖菱风肉粽等数十个新品种。同为驰名商标的真真老老粽子，以现代化的管理理念引领企业走上全新的品牌之路，同时更注重传统工艺文化的传承与创新。真真老老传承粽子的制作技艺，从浓厚的民俗味中找寻出独特味道。近年来，它独创的"传人粽"回归嘉兴粽子本色，以"白莹如玉"本色还原糯米香粽。可见，嘉兴粽子在技艺传承、商品销售、品牌建设等领域取得了巨大的成功，五芳斋、真真老老等嘉兴本土的粽子品牌誉满国内，已然成为粽子这一食品细分行业中的翘楚。

一、要素分解

（一）物质要素

1. 土地肥沃、物产丰饶的自然环境

嘉兴自古为富庶繁华之地，素有"鱼米之乡，丝绸之府"的美誉，四季分明，水热同步，光热同季，适于种植多种农作物。全境土质肥沃，降水充沛，河网稠密，有利于农业生产，是浙江粮、油、畜、茧、鱼的重要产区。清代嘉兴知府许瑶光重辑的《嘉兴府志》提到，19世纪中叶时，嘉兴所产的糯米有赶陈糯、芦花糯、香糯、羊脂糯、蟹衣糯、槿子糯等多个品种。同时，嘉兴还是我国重要的商品猪生产基地，境内的肉鸡和鲜蛋产量和质量也很高。这些丰富优质的农副产品原料，为生产各类花色粽创造了十分有利的条件，成为嘉兴粽子高品质的一个重要因素。

2. 品类丰富的粽子产品

在口味上，嘉兴粽子既保留了早期的鲜肉粽、豆沙粽、蛋黄粽、栗子粽、火腿粽、鸡肉粽等主要经典品种，又研发了红烧排骨粽、鲍汁牛柳粽、干贝鲜肉粽、南湖菱风肉粽、莲蓉粽、细沙枣泥粽、绿茶枣香粽、甜豆枣泥粽、五花肉粽、沙茶排骨粽、红烧牛肉粽、飘香碱水粽、彩豆粽、绿豆花生莲子粽、桂花豆沙粽、桂花血糯栗子粽、干菜粽、茄汁牛腩粽、巧克力粽

等数十个品种。

（二）精神要素
深厚、鲜明的乡情、亲情

粽子是端午节的代表食品，其身上凝聚着深厚的民族情结，又传递着浓郁的乡情、亲情。不管身处何方，中国人一尝到粽子，就会想起祖国，想起家乡，想念亲人。其所寄寓的深厚、鲜明的乡情、亲情是其他食品不可比拟的。它既有远古的诗意，又有现代的情感，更兼以全民族的纪念意义。在嘉兴，粽子除了作为端午、清明、春节的节令性食品外，还与嘉兴百姓的日常生活息息相关。嘉兴粽子在某种意义上已经成为嘉兴城市的代言。数十年来，嘉兴粽子正是作为一种中华民族文化的载体，担任着"对外交流的使者"，向世界弘扬中华优秀传统文化。

（三）制度要素
古朴、传统的手工制粽技艺

嘉兴粽子制作属传统手工技艺，其中鲜肉粽的制作技艺更是堪称一绝，共可分为36道工序，包括：

选料。糯米选用粒饱糯强的上等白糯；猪肉选用后腿纯精肉和脊膘；箬叶要用每年夏天采摘的安徽黄山一带海拔800米以上的"徽州伏箬"。

洗米。先将米中的杂质、有霉变的米粒挑出，再将米倒入竹淘箩中，用水冲洗干净。

浸米。米淘洗干净后，用净水浸泡2—3个小时，其间挠1—2次使米充分浸透，再将米滤干。

拌米。按五芳斋独门秘方将食盐、酱油等加入浸好的米中，并搅拌均匀。

洗肉、切肉。鲜猪肉洗净后，按横丝纹路，切成小块入盆。

拌肉、制馅。按五芳斋独门秘方将食盐、白糖、味精、白酒等调料加入肉中，用手反复拌搓，直到肉块出现"小白泡"为止。

洗叶、煮叶。干箬叶加水煮开，10分钟后进行清洗、剪尖、晾干。

打壳。箬叶取两张，按一头一尾反方向半重叠，做成漏斗状，漏斗不能做得太浅，将箬叶底捏紧。

装底米。在箬叶壳内装入少许糯米。

投馅。将事先调制好的鲜肉馅按照"两精一肥"装入糯米中间，摆放均匀。

装盖米。装入糯米,盖住肉馅,糯米要装实。

包裹。右手先把外端箬叶往里折叠并向后折去,包好一端再以同样手法完成另一端,使粽子成形,四角坚挺端正、两端大小匀称。

扎线。先在中间绑一次,再从一端逐一绑向另一端以防变形。绳子紧度不能过紧或过松,轻扯不能移动即可。

烧煮。先用铁锅将水烧开,粽子放入锅内(水浸过粽面),大火烧开,水开后用小火煮2个小时,再熄火焖1个小时。烧粽子用的水和柴火也是有讲究的。水采用嘉兴古运河区河水,有时用船运水从荐桥河划到洋桥河舶进来。挑来的水存入大缸,用明矾沉淀待用。烧粽子一定要用桑柴,这样才能保证火候适当。

最后是出锅、去叶、装盆,配以绵白糖等调味。

(四)语言和象征符号

以粽子为主题的文学艺术作品

在近百年历史进程中,留下了很多与嘉兴粽子相关的文化、艺术作品。比如,丰子恺漫画《买粽子》描述了20世纪初人们听到沿街叫卖粽子,就用系着绳子的竹篮从窗口放下来买粽子的情景。

海派著名画家程十发曾发表过这样一段话:"粽子是祖国食文化的先驱!它是祖国人民的创举,它为纪念吾国伟大诗人屈原而诞生。当您打开粽子的时候闻到的是中国文化的清芬。几千年历史证明它是古代人民诗一般的创造!您尝到的不仅是粽子,您首先感到中国文化而骄傲。您尝到的不仅是粽子,您首先感到几千年中国食文化而骄傲!世界上快餐的始祖,中国的粽子。还告诉您,嘉兴的粽子与她的城市一样有名!"

著名画家叶浅予曾在一篇游记中称:"凡坐过沪杭甬火车的旅客,路过嘉兴,不会忘记买一串肉粽,尝尝江南的著名美食。吃过一次,回味无穷,下次还想吃。嘉兴粽子的名声,全靠我辈旅客,为它口头宣传,作义务广告。谁也不知这正宗老牌美味,出自嘉兴老街的五芳斋……"

当代作家沈宏非的《路边的粽子你要"踩"》中写到了对五芳斋粽子的评价:"嘉兴粽子里的老大,首推'五芳斋'……五芳斋在包粽子和卖粽子两方面都相当牛，不仅在各地的超市以及公路、铁路沿线大卖特卖，还出口到全世界五大洲。当然，五芳斋最狠的一招，是把粽子卖成一种一年四季都可以吃的东西，粽子不再是 In Season 的，更不是端午节的专利，而是 All Season 的东西了。全中国卖月饼的，心里指不定有多馋呢！"

二、核心基因提取与评价

基于对材料的全面、深入分析，得出本文化元素的核心基因："品类丰富的粽子产品""深厚、鲜明的乡情、亲情""古朴、传统的手工制粽技艺"。

嘉兴粽子核心文化基因评价依据

评价项目	评价因子	评价依据（特点）	是否
生命力评价	文化基因存续的时间	自出现起延续至今，未曾明显中断	√
		自出现起延续至今，但多次衰微、中断后复兴	
		曾明显衰败，改革开放后开始复兴或历史溯源关键环节缺失，难以考证	
		文化形态主体已灭失，现存部分痕迹	
	文化基因的稳定性	在发展过程中保持相当稳定的状态	√
		在发展过程中存在明显的精神内涵、表现形式剧变	
凝聚力评价	文化基因的凝聚力及社会动员效果	曾广泛凝聚起区域群体的力量，显著推动过社会经济文化的发展	√
		曾部分凝聚起区域群体力量，对社会经济文化的发展产生过影响	
		凝聚过力量，创造过实际的发展动能，但未见对社会经济文化发展产生显著改变	
		仅在历史文献或口耳相传中存在，未见实际介入社会经济发展	

续表

评价项目	评价因子	评价依据（特点）	是否
影响力评价	辐射的范围	具有全国性、世界性的影响力	√
		具有长三角区域、浙江省影响力	
		具有市县、乡镇影响力	
	提炼的高度	已经被古代文人士大夫和当代学者提炼为精神符号和理念理论	√
		单纯的样式、造型、工艺技术规范	
发展力评价	与当代精神追求和价值观念的契合	传统文化基因得到创造性转化、创新性发展；区域革命文化基因被完整继承、广泛弘扬；区域社会主义先进文化基因成为与浙江"三个地"相适应的文化高地	√
		部分转化、部分弘扬、部分发展	
		难以转化、难以弘扬、难以发展	

说明：基因特点评价是对解码出来的基因，根据本《导则》表2的要求，围绕"四个力"逐一对表打"√"，进行定性表述

（一）生命力评价

"品类丰富的粽子产品""深厚、鲜明的乡情、亲情""古朴、传统的手工制粽技艺"自出现起延续至今，未曾明显中断，且在发展过程中保持相当稳定的状态。

粽子是中国历史上迄今为止文化积淀最深厚的食品之一，其历史渊源一直可以追溯到原始社会。据明万历年间的《秀水县志》记载，端午节时嘉兴民间就有"贴符、悬艾、啖角黍、饮蒲黄酒"的习俗。清朝，粽子成为江南民众日常生活中不可分割的一部分，造就了中国传统点心文化中的一朵奇葩。

粽子以其产品的特性被称为"东方快餐"，即便到了现代社会，它也是营养丰富、美味便捷的方便食品。大米和多种荤素馅料的组合，使它富含蛋白质、维生素和多种微量元素。明朝李时珍的《本草纲目》中就有箬叶具有药用价值的记载。现

代研究表明，箬叶不仅富含多种维生素，以及钠、钙、镁、磷、锌、硒、铁等微量元素，而且箬叶中提炼出来的黄酮类化合物是抗肿瘤的有效成分。因此，粽子既可作为营养美味的正餐享用，又可以作为方便快捷的点心充饥，体现了其文化基因的生命力。

（二）凝聚力评价

"品类丰富的粽子产品""深厚、鲜明的乡情、亲情""古朴、传统的手工制粽技艺"曾广泛凝聚起区域群体的力量，显著推动过社会经济文化的发展。

为了弘扬中国粽子文化，传承传统制作技艺，嘉兴十分重视粽子品牌文化建设。2009年4月，真真老老粽子在月河街区建造了全国首家嘉兴粽子文化馆，以挖掘和展示嘉兴鲜明的特色历史文化。通过科学的展陈手段，全面反映粽子的历史、文化和制作工艺，弘扬粽子文化，振兴传统产业，使之成为文化、休闲、旅游的一个特色景点。该馆面积约4000平方米，可一次性容纳约800人进行参观。馆内体验区分两块，可以同时容纳约200人。全馆每年接待参观人数有10多万。馆内有300余件珍稀展品，诉说着嘉兴粽子的千年记忆，散发出浓厚的历史底蕴，见证了嘉兴粽子的传承。人们来到嘉兴，可以尝尝各式粽子，了解嘉兴粽子的千年文化。

粽子名企——真真老老产业园内设立了参观文化长廊供大家参观。真真老老每年举办"百粽宴活动"，积极参与"中国粽子文化节"、"嘉兴端午民俗文化节"、"真真老老杯"踏白船表演赛等大型活动，以弘扬粽子文化。企业通过有效的生产性保护方式，使得真真老老粽子的粽子制作技艺和品牌影响力不断提升，先后获得"浙江老字号""浙江省名牌产品""浙江省知名商号""浙江省骨干农业龙头企业"等殊荣。三大核心基因分别从不同的方面凝聚起区域群体力量，促进了嘉兴粽子的传承和发展，推动了文化事业走向繁荣、经济生活日益富足。

（三）影响力评价

"品类丰富的粽子产品""深厚、鲜明的乡情、亲情""古朴、传统的手工制粽技艺"具有全国性、世界性的影响力，已经被古代文人士大夫和当代学者提炼为精神符号和理念理论。目前，嘉兴市登记注册的粽子品牌有30多家，主要有五芳斋、真真老老等。从注册资本来看，五芳斋是目前嘉兴最大的粽子企业，其市场份额比重超过50%，几乎是其余品牌的总和。除了在市内营销外，五芳斋已建立涉及全国24个省、自治区、直辖市的物流配送网络，在北京、上海、广州、深圳、杭州等城市设立了15个配送分销机构。另外，五芳斋远销美国、加拿大、澳大利亚、日本等地，使全世界体会到嘉兴粽子的风味和文化。五芳斋的渠道创新就在于不仅有常规的零售渠道，还创造了中式快餐连锁经营和产品专卖连锁经营相结合的渠道模式。

作为行业龙头，五芳斋集团连续三年被国家税务总局列入全国食品制造业纳税百强。它充分发挥国家级重点农业龙头企业优势，极大地促进了大米、肉类、箬叶等农副产业的发展，还带动了餐饮、旅游、包装、食品机械等相关产业的发展，为国家和地方经济发展作出了突出贡献。

（四）发展力评价

"品类丰富的粽子产品""深厚、鲜明的乡情、亲情""古朴、传统的手工制粽技艺"与当代精神追求和价值观念契合，具有创造性转化、创新性发展的潜力。近几年来，随着科技信息的高速发展，线上购物的普及，多个嘉兴粽子品牌开通了网上购物平台。店内所有的粽子礼盒、咸鸭蛋等，消费者都可以进行线上下单，然后通过快递的方式直接寄送到家，实现了交易网络化。这样的购物方式在一定程度上降低了粽子的销售成本，节约了消费者的时间和体力。从另一个角度看，消费者在世界各地都能买到嘉兴粽子，这也为嘉兴粽子在世界舞台打响知名度奠定了很好的基础，能更好地传递粽子所蕴含的文化传统。

三、核心基因保存

"品类丰富的粽子产品""深厚、鲜明的乡情、亲情""古朴、传统的手工制粽技艺"作为嘉兴粽子的核心基因,有《"一带一路"背景下嘉兴粽子产业全球化战略研究》《嘉兴粽子的文化艺术特色研究》《五芳斋粽子制作技艺》等6篇文字资料,保存于嘉兴市南湖区文化基因解码调查组资料库中。出版物有《嘉兴府志》《秀水县志》等。

嘉兴掼牛

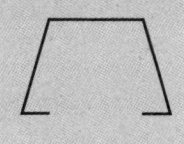

嘉禾南湖　南湖文化基因

嘉兴掼牛

嘉兴掼牛，又叫斗牛、摔牛，这项活动来源于伊斯兰教的传统节日——宰牲节。宋元时期，西北、中原等地的部分回民迁徙至嘉兴，在嘉兴逐步形成了在节庆、喜事中斗牛的传统。

宋末元初，一些回民因逃避战乱从北方南迁到江浙一带。后来又有元朝大军驻屯嘉兴，军中众多回族武士和家眷就此定居禾城。回民的迁入形成了嘉兴地区最大的回族生活区，曾一度被称为"回回街"。史料记载，元朝时期大批回族人从河南、山东一带南迁到嘉兴，在嘉兴甪里街一带聚居。南迁的回民将

"宰牲节"及"摔牛"项目带到嘉兴并融入当地文化,而且用嘉兴方言改其名为"掼牛"。明朝时期,部分回族人士迁居嘉兴东门和甪里街一带,在信众和当地官府的资助下建起了清真寺。该寺是浙江北部唯一的清真寺,也是浙北地区穆斯林经济、文化活动的中心。

在宰牲节中,掼牛是回族的传统体育项目之一,源于回族民间传说:在古代,有一位回族青年骁勇力壮,动作敏捷,能够徒手将牛捆住掼倒,成为人人钦佩的对象。为了模仿这位英雄,掼牛逐渐成为一项受回族群众喜爱的活动。

掼牛是融合了查拳、江南船拳、心意六合拳、硬气功和排打功等多种武术技法的民族传统项目。它以拧、扛、压为技术要点,含单臂掼、双臂掼、肩掼、扛掼等多种掼法。掼牛前所进行的表演性武术热身包括单掌劈砖、胸口碎大石、喉刺金枪、头顶碎砖等硬气功,以及虎摆尾、虎形双把、鸡形摇涮把、龙形起肘、蛇形穿拳、熊形单把等动物形态的模仿动作。这些都是掼牛的技术训练和热身方法。掼牛不仅充分利用了武术的各种技法和方式,而且显示了武术文化特色和武术韵味,使武术与掼牛运动相辅相成,民族性更为凸显。

在掼牛方式上,嘉兴掼牛对传统掼牛做了很大的改进。嘉兴回民大都喜好武术,回族青年通常凭两人或单人就能将牛掼倒并控制住。后来越来越多的青年男子参与掼牛,且大多是单人与牛相搏,以显示其威猛。自此,掼牛过程变得异常紧张精彩,也博得了更多人的青睐。慢慢地,嘉兴掼牛逐渐享誉全国,成了嘉兴回民强健体魄、展现精神的热门表演项目。地域、人文的结合形成了嘉兴掼牛区别于其他区域斗牛的显著特点,积淀了深厚的文化底蕴。与其他回族聚居地的"摔牛"活动相比,嘉兴掼牛从活动规模、传承性、技巧性、观赏性而论都独具特色。

嘉兴掼牛的演变发展离不开一代代嘉兴回族武术家的努力。在20世纪三四十年代嘉兴掼牛走向全国的过程中,李青山、李尊思和韩忠明承担了重要角色。早年间,李青山与李尊思曾分别在武汉和上海长期表演掼牛。1953年和1954年,两人与韩忠明在嘉兴中山厅进行掼牛表演,在当地引起了轰动，可谓盛极一时。而后的20年，掼牛表演一度消沉，许多珍贵的历史资料遗失。在此期间关于嘉兴掼牛的记载也只能散见于本地史料以及回族、汉族前辈们的传说中。

后来，嘉兴掼牛能够重新兴起并成为嘉兴一大文化品牌，与素有"嘉兴掼牛缔造者""中国式斗牛第一人""嘉兴掼牛传承人"之称的韩海华有着密不可分的关系。1982年，韩海华参加全国第二届少数民族传统体育运动会，成功表演掼牛，掼牛作为传统的回族体育项目开始进入观众的视野，进而出现在各种报纸、通俗读物、影视作品及嘉兴地方志上。在第三届、第四届全国少数民族运动会上，韩海华再度凭借嘉兴掼牛项目斩获多枚金牌。此后，他分别在30多部影视剧中担任主角和武术指导。

2008年，韩海华被评为嘉兴市级非物质文化遗产名录项目——嘉兴掼牛传承人，并获得嘉兴市民间艺术家称号。2011年初，流传千年的嘉兴掼牛成为国家级非物质文化遗产。

韩海华发展、创新了嘉兴掼牛，并培育了众多优秀的掼牛选手。以风、雨、雷、电命名的四大"掼牛勇士"是韩海华的得意高徒。每一位都跟随他学艺多年，而且个个身怀绝技。他们分别是："擒风手"甘岗、"烟雨隐侠"胡成勇、"震雷斗士"张惠、"闪电客"莫能军。

掼牛是一项既有悠久历史又具现代特点的嘉兴地区回族体育运动。近年来在武术师李青山、韩海华的努力下，掼牛运动融入当地群众社区，借助非物质文化遗产保护东风，展现出勃勃生机。

一、要素分解

（一）物质要素

1. 体格健壮的成年黄牛

嘉兴掼牛须选择成年的、体格壮实的黄牛或水牛，重量要求在0.5吨以上。另外，牛的姿态要显得雄壮、有斗志，犄角丰满并有前冲的动力。因为水牛的斗性较差，现在的掼牛一般选取成年黄牛。

2. 回族特色的掼牛力士服饰

掼牛力士的基本服装为：白色回族礼拜帽，绛红色风氅和上衣，黑色宽松功夫裤系宽牛皮皮带，黑褐色短筒牛皮靴，手腕系靠牛皮制护腕，手上戴黑色羊皮露指手套。另外，根据掼牛士段位的不同，着装上会有所区别，如最高段（四段）掼牛力士的风氅镶边为三条金色丝带，高段（三段）掼牛力士的风氅镶边为两条金色丝带，中段（二段）掼牛力士的风氅镶边为一条金色丝带，初段掼牛力士及学员的风氅镶边为一色。

（二）精神要素

平等团结、和合共荣的精神内涵

嘉兴掼牛的精神内核是我国优秀的传统文化——和合文化。和合文化既承认差异，又融合不同的事物，通过互济互补，达到统一、和谐的目的。具体来看，嘉兴掼牛运动的"和合"精神主要体现在两个方面：民族间平等团结、文化交融互鉴；人与动物和谐共存，互相尊重。

第一，民族间平等团结、文化交融互鉴。嘉兴掼牛是回族南迁后回族文化与嘉兴江南水乡文化交融的产物，是回汉两族人民互融互鉴的成果。它再现了两族人民平等对话、平等交流的历史进程，充分地体现出两族亲如一家、团结友爱的美好场景。

第二，人与动物和谐共存，互相尊重。掼牛运动体现了人与动物的平等。在人与牛的亲密接触中，人没有高高在上地把自己放在一个自然界主宰者的位置，而是将自己和牛平等对待。掼牛力士在不使用任何武器的情况下，赤手空拳地与牛搏斗，公平竞争。人和动物的平等体现了人与自然和谐相处、和合共生的文化内涵。同时，掼牛运动的训练基本功以武术为主，其礼仪也要以武术为标准。在赛前和赛后，掼牛力士都要同武术比赛一样向作为竞争对手的牛行抱拳礼。在比赛过程中，掼牛力士不打牛、不伤牛、不辱骂牛。若掼牛对抗中，牛赢得胜利，人还将为牛披上掼牛勇士的披风，以示对牛的尊重。

这项以对抗角逐为运动形式的运动，充分彰显了回族独特的创造力，体现了民族之间、人与自然界其他物种的和谐平等的价值观，同时也向全世界传递了民族传统文化，为其他种族和民族更好地认识和接受中国传统礼仪文化奠定了基础。

（三）制度要素

1.循序渐进的表演程序

表演开始前，掼牛力士和同门师兄弟先要整队，聆听师傅教诲，然后按照首席掼牛力士的口令进行整体武术表演，以唤起掼牛力士的搏斗激情。

正式开始时，吹响牛角开场号，助手牵着牛出场。牛绕场一周后，助手对牛进行挑逗，激起牛的斗性，使其野性大发，横冲直撞。然后掼牛力士出场，四面牛皮鼓擂起鼓乐，助手们退场，掼牛力士开始斗牛。掼牛力士大步上前，面对怒牛，双臂找准机会紧紧抵住牛犄角，依靠臂力将牛头拧向一侧，牛拼命挣扎。此时，掼牛力士紧紧抱住牛头，用肩扛住牛下巴，运足力气，拧住牛脖子。牛顿时失去平衡，掼牛士随即将身子往牛的颈部一压，就将强壮的公牛摔倒在地。

2. 严格的掼牛评判标准

掼牛评判标准有四个段位，包括：

初段位。双臂单腿别摔，允许借助腿劲将牛腿别倒。

中段位（二段）。双臂侧摔，不允许借助别腿动作。

高段位（三段）。肩扛摔，绝不允许出现别腿动作。

最高段位（四段）。顶摔，须有"头功"等作为功力基础。

依据"牛失单蹄""牛失双蹄""牛四蹄全失"和"牛四脚朝天摔"的不同结果，确定掼牛力士本场的得分，以此参考确定掼牛力士的段位高低。

（四）语言和象征符号
勤劳、善良的耕牛形象

鲁迅先生曾用牛来赞颂人品："横眉冷对千夫指，俯首甘为孺子牛。"这既是对勤劳善良质朴的中国劳动人民的讴歌，也是对中华民族伟大民族精神的赞颂。在我国，牛是一种具有图腾意义的动物，寓意风调雨顺、国泰民安。掼牛的历史可以追溯到东汉时期，具有深厚的历史文化价值。

二、核心基因提取与评价

基于对材料的全面、深入分析，得出本文化元素的核心基因："平等团结、和合共荣的精神内涵""严格的掼牛评判标准""勤劳、善良的耕牛形象"。

嘉兴掼牛核心文化基因评价依据

评价项目	评价因子	评价依据（特点）	是否
生命力评价	文化基因存续的时间	自出现起延续至今，未曾明显中断	
		自出现起延续至今，但多次衰微、中断后复兴	√
		曾明显衰败，改革开放后开始复兴或历史溯源关键环节缺失，难以考证	
		文化形态主体已灭失，现存部分痕迹	
	文化基因的稳定性	在发展过程中保持相当稳定的状态	√
		在发展过程中存在明显的精神内涵、表现形式剧变	
凝聚力评价	文化基因的凝聚力及社会动员效果	曾广泛凝聚起区域群体的力量，显著推动过社会经济文化的发展	
		曾部分凝聚起区域群体力量，对社会经济文化的发展产生过影响	
		凝聚过力量，创造过实际的发展动能，但未见对社会经济文化发展产生显著改变	√
		仅在历史文献或口耳相传中存在，未见实际介入社会经济发展	

续表

评价项目	评价因子	评价依据（特点）	是否
影响力评价	辐射的范围	具有全国性、世界性的影响力	√
		具有长三角区域、浙江省影响力	
		具有市县、乡镇影响力	
	提炼的高度	已经被古代文人士大夫和当代学者提炼为精神符号和理念理论	√
		单纯的样式、造型、工艺技术规范	
发展力评价	与当代精神追求和价值观念的契合	传统文化基因得到创造性转化、创新性发展；区域革命文化基因被完整继承、广泛弘扬；区域社会主义先进文化基因成为与浙江"三个地"相适应的文化高地	√
		部分转化、部分弘扬、部分发展	
		难以转化、难以弘扬、难以发展	

说明：基因特点评价是对解码出来的基因，根据本《导则》表2的要求，围绕"四个力"逐一对表打"√"，进行定性表述

（一）生命力评价

嘉兴掼牛作为一种特色鲜明的运动，经过了数百年的发展，在韩海华这一代发扬光大，并形成了体系。因此，作为推动掼牛运动发展壮大的核心文化基因"平等团结、和合共荣的精神内涵""严格的掼牛评判标准""勤劳、善良的耕牛形象"亦随之延续至今，并保持了相当稳定的形态。

（二）凝聚力评价

掼牛作为回族特有的民族体育运动项目，对维护民族团结、促进多民族和谐发展具有巨大的影响力和凝聚力。掼牛使其他民族的人们能够更好地了解回族人民的生活方式、思维理念。因此，掼牛对于凝聚民心、稳定回族聚居地区的社会秩序、共建多民族和谐共生的生活环境有着不可替代的作用。

（三）影响力评价

嘉兴掼牛具有全国性的影响力。1982年，韩海华参加了少数民族运动会，他精彩的表演吸引了全场观众的目光，各地记者纷纷前来采访。时任国务院副总理万里在现场观看后给出了这样的评价："这个项目真正具有中国传统民间特色，不愧为'中国式斗牛'。"韩海华"中国式斗牛第一人"称号由此确立，并迅速传播开来。在他参演的多部影视剧中，嘉兴掼牛屡屡亮相，社会知名度日增，并逐步达到鼎盛，具备全国性的影响力。

（四）发展力评价

广泛的适应性、多重价值功效赋予了嘉兴掼牛较强的发展潜力。嘉兴掼牛可使人的手腕、腿、臂、腰、脚等各个部位得到全方位锻炼，是一项具有很强健身功能和价值的古代传统体育运动项目。它对人的意志力、身体素质和动作技能都有很好的锻炼作用。同时它也是回族传统文化的传播载体。嘉兴掼牛的核心基因契合时代精神和价值观，具有创造性转化、创新性发展的巨大潜质。

三、核心基因保存

"平等团结、和合共荣的精神内涵""严格的掼牛评判标准""勤劳、善良的耕牛形象"作为嘉兴掼牛的核心基因,有《"嘉兴掼牛"——传统的继承与发展》《"中国式斗牛"——"掼牛"的历史追溯与文化内涵研究》《国家级非物质文化遗产"嘉兴掼牛"的传承与发展研究》等 21 项文字资料,保存于嘉兴市南湖区文化基因解码调查组资料库中。另外,出版物有《江南武魂》《浙江嘉兴的回族》《嘉兴市志》等。

子城遗址

嘉禾南湖　南湖文化基因

子城遗址

嘉兴子城是嘉兴最早的城垣和历代府衙所在地。子城城门名"丽谯",为拱券门,高5.4米,跨径4.5米,上建一城楼,是浙江省现存城墙上唯一的古城楼。城楼西墙嵌有《重修嘉兴府治碑记》。

子城始建于三国时期黄龙三年(231),至赤乌三年(240)已具规模。"子城"称谓则出现在唐以后,其时嘉兴还未形成一座界线分明的城市。到了唐文德元年(888),吴越王钱镠命筑嘉兴大城,周长十二里(城址即今环城路),形成了城中有城的格局。民间相传古时子城护城河畔遍植梓树,亦名梓城,后称子城。然而据《辞源》关于"子城"一词的注释以及《资治通鉴》的记载，可知子城指内城、小城。

嘉兴子城在唐代是嘉兴县衙；五代和北宋、南宋分别为州、府、军治；元为安抚司署及路总管府；明、清为知府衙门。太平天国时改建为听王府，太平天国退出后复为清知府衙门，辛亥光复时为嘉兴军政分府。民国二年（1913），浙江都督朱瑞将子城改建为陆军二十一团营房，驻扎军队，称西大营。抗战初期，子城被日军飞机炸毁，沦陷后被日军改建为军营。解放后，子城先后是解放军九七医院、一三医院。1971年，一三医院搬离后，浙江省荣军医院又接手了子城的管理。2014年，荣军医院整体搬迁。

2017年12月，嘉兴政府启动了嘉兴子城遗址公园建设，秉持"尊重历史，坚持'修旧如旧'，以'最小干预'再现古城芳容"的原则，对子城进行了修复。2021年6月，子城修复改造工程顺利完工，拥有1700多年历史的浙江嘉兴子城以遗址公园形式正式对外开放。改造后的子城在通往城楼的石板路上镶嵌了十八条篆刻有年份和大事记的铜带，悠久的历史被浓缩其中。城楼下的两只明代石狮子，也在土层清理时被发现并得以"团圆"，文保部门通过修复技术使其基本上恢复了原貌。"双狮成对"对于还原旧日场景，反映古代衙署文化等也具有参考价值。此外，子城遗址公园普遍运用了数字化工具，通过智慧导览系统、AR复原技术等科技赋能，不仅重现古代韵味，而且使游客对文物、历史有了更为直观、深入的了解。子城遗址公园成为集历史体验、文化交流、市民休闲娱乐于一体的"城市文化客厅"。

从公元231年至今，子城走过了风雨沧桑的1700多年。作为嘉兴历史文化的根脉所在，子城见证着嘉兴城市的发展，是嘉兴国家历史文化名城的核心文化遗产，对研究中国古代城市制度和嘉兴的地方历史具有不可替代的作用。建设子城遗址公园，不仅能有效保护和延续嘉兴老城历史文脉，促进老城区改造转型，提升中心城区的价值和品质，而且能够带动嘉兴文化旅游产业的发展，进一步扩大子城遗址的知名度和影响力。

一、要素分解

（一）物质要素

1. 朴素、生动的明代石狮像

在子城遗址公园建设施工过程中，出土了一只石狮子，进行初步清理后确认，正是城门前一对石狮中失踪多年的母狮，"失散"半个多世纪的石狮侣再度重逢，成为子城遗址公园前的一大亮点。该石狮姿态、色彩等具有明代朴素又活泼的造型特点，有着较高的艺术研究价值，从中可以窥见那个年代的审美取向。同时，石狮子的发现对于填补嘉兴本地文物遗存历史空白也具有重要的意义。石狮成双，对于还原旧日场景、反映当年衙署文化很有价值。

2. 庄严、巍峨的城门和谯楼

嘉兴子城的城门为拱券门，拱券用砖连锁平砌，上建一城楼，平面为三间带回廊，二层重檐歇山顶，梁架为五架梁带双下廊。前檐三间均设格扇门，后檐明间为格扇门，两次间置格扇窗，二层四周均为格扇窗。城楼西墙嵌有《重修嘉兴府治碑记》。子城谯楼重建于光绪三十四年（1908），为砖木结构三楹楼房，重檐歇山顶，花式屋脊，四铺水小脊，发戗如意头，戗角雕刻龙头，回廊飞檐，具有我国古代楼台之特色。城门与谯楼高大巍峨，显示出子城雄壮、庄严的气势。

3. 深厚的府城文学艺术底蕴

子城作为最早的城垣和历代府衙的所在地，留下了无数文人雅士的华丽辞章和美好回忆。子城中曾有花月亭，其名取自北宋词人张先所著《天仙子》词。张先在嘉禾（今嘉兴）为官期间，因抑郁不得志，经常不赴府会，而在府中后园饮酒赏花，赋词遣兴。《天仙子》一词就作于子城花月亭中："水调数声持酒听。午醉醒来愁未醒。送春春去几时回，临晚镜。伤流景。往事后期空记省。　沙上并禽池上暝。云破月来花弄影。重重帘幕密遮灯，风不定。人初静。明日落红应满径。""云破月来花弄影"一句传诵千古，不仅体现了张先深厚的修辞炼句功夫，还将词人在忧伤苦闷中突然品尝到盎然春意这一曲折复杂的心情，通过生动妩媚的形象传递出来，体现出绝美的意境。

子城自宋迄清留下不少名士题咏。宋代沈括、张尧同，明代王士龙、许恂如，清代朱彝尊，等等，都有脍炙人口的佳作，赋予了子城深厚的文学艺术底蕴。

（二）精神要素
传统与现代相融合的创新理念

2021年6月25日，坐落于嘉兴古城中心的嘉兴子城遗址公园正式开园。东南望南湖，北依中山路，西邻天主教堂，这座满是文化烙印的千年古城终于以全新的面貌向公众开放。子城遗址公园建设以考古遗址的保护为基础，在施工过程中，根据遗址现存情况、展示价值、历史资料等综合因素进行保护与建设，坚持"修旧如旧""最小干预"，既保留了历史古迹，又充分融合一些科技元素，在历史的厚重感中增添活力，向人们展现了嘉兴悠久建城史的厚重文化底蕴。

（三）制度要素
传承千年的府衙建筑文化

自汉末至明清，子城为嘉兴县治、州治、府治衙署所在地，一直是嘉兴地区的政治、经济、文化中心，嘉兴城市的发展也以此为圆心，向四周扩展，经长期积累形成一定规模。衙署占据城市最重要位置，建筑坐北朝南，等级森严，街道整齐，前朝后市，体现了我国古代城市的礼制传统。

二、核心基因提取与评价

基于对材料的全面、深入分析，得出本文化元素的核心基因："庄严、巍峨的城门和谯楼""深厚的府城文学艺术底蕴""传承千年的府衙文化"。

子城遗址核心文化基因评价依据

评价项目	评价因子	评价依据（特点）	是否
生命力评价	文化基因存续的时间	自出现起延续至今，未曾明显中断	√
		自出现起延续至今，但多次衰微、中断后复兴	
		曾明显衰败，改革开放后开始复兴或历史溯源关键环节缺失，难以考证	
		文化形态主体已灭失，现存部分痕迹	
	文化基因的稳定性	在发展过程中保持相当稳定的状态	√
		在发展过程中存在明显的精神内涵、表现形式剧变	
凝聚力评价	文化基因的凝聚力及社会动员效果	曾广泛凝聚起区域群体的力量，显著推动过社会经济文化的发展	√
		曾部分凝聚起区域群体力量，对社会经济文化的发展产生过影响	
		凝聚过力量，创造过实际的发展动能，但未见对社会经济文化发展产生显著改变	
		仅在历史文献或口耳相传中存在，未见实际介入社会经济发展	

续表

评价项目	评价因子	评价依据（特点）	是否
影响力评价	辐射的范围	具有全国性、世界性的影响力	
		具有长三角区域、浙江省影响力	√
		具有市县、乡镇影响力	
	提炼的高度	已经被古代文人士大夫和当代学者提炼为精神符号和理念理论	√
		单纯的样式、造型、工艺技术规范	
发展力评价	与当代精神追求和价值观念的契合	传统文化基因得到创造性转化、创新性发展；区域革命文化基因被完整继承、广泛弘扬；区域社会主义先进文化基因成为与浙江"三个地"相适应的文化高地	√
		部分转化、部分弘扬、部分发展	
		难以转化、难以弘扬、难以发展	

说明：基因特点评价是对解码出来的基因，根据本《导则》表2的要求，围绕"四个力"逐一对表打"√"，进行定性表述

（一）生命力评价

嘉兴子城建于三国吴黄龙三年（231），至今已有1700多年历史。从三国至清代，子城均为嘉兴府衙或军治所在地，据光绪《嘉兴府志》，元代子城丽谯门上有城楼，宋时城上建天王殿、箭楼等建筑。子城谯楼重建于光绪三十四年（1908），为砖木结构三楹楼房，具有我国古代楼台特点。城东有箭垛，至今仍保存完好。因此以子城为载体的三大核心基因"庄严、巍峨的城门和谯楼""深厚的府城文学艺术底蕴""传承千年的府衙文化"自出现起延续至今，未曾明显中断，在发展过程中保持相当稳定的状态。

（二）凝聚力评价

汉末至明清子城一直为嘉兴地区的政治、军事、经济、文

化中心，嘉兴城市的发展也以此为圆心，向四周扩展，经长期积累构成一定规模，唐代还筑有罗城。因此，子城历代为嘉兴县治、州治、府治衙署所在地，是嘉兴城市发展、军事活动、经济活动的中枢和指挥中心。在文化发展领域，宋代张先、沈括、张尧同，明代王士龙、许恂如，清代朱彝尊，等等，都在子城内留下脍炙人口的诗词和精美绝伦的绘画作品，使子城成为嘉兴地区的文化高地。因此，子城的核心基因具有区域凝聚力。

（三）影响力评价

子城是嘉兴历代府衙所在地和太平天国听王府旧址，曾长期作为嘉兴城市政治、经济、文化、军事中心，是中国国内罕见的、保存完好的、演变脉络清晰的衙署遗址。"庄严、巍峨的城门和谯楼"是府衙中历代官员管理嘉兴地方行政、军事事务的权威象征；"深厚的府城文学艺术底蕴"是历代文人雅士在子城歌咏嘉兴江南水乡风光的成果，使子城成为影响嘉兴及周边地区的文化高地。"传承千年的府衙文化"指的是子城占据城市最重要位置，坐北朝南，等级森严，街道整齐，前朝后市的城市布局，体现了我国古代礼制传统，亦是府衙行政权威的体现。

（四）发展力评价

近年来，嘉兴政府启动了嘉兴子城遗址公园建设，以"尊重历史，坚持'修旧如旧'，以'最小干预'再现古城芳容"为原则，对子城进行了修复。同时，子城遗址公园普遍运用了数字化工具，使城内重现古代韵味，为游客提供了直观、深入的体验，成为集历史体验、文化交流、市民休闲娱乐于一体的"城市文化客厅"，为传承文化名城的核心文化遗产，对研究中国古代城市制度和嘉兴的地方历史发挥了重要作用。因此，其核心基因得到了创造性转化、创新性发展。

三、核心基因保存

"庄严、巍峨的城门和谯楼""深厚的府城文学艺术底蕴""传承千年的府衙文化"作为子城遗址的核心基因,有《让子城融入嘉兴人血脉》等13项文字资料,保存于嘉兴市南湖区文化基因解码调查组资料库中。实物材料石狮、子城城门、谯楼位于嘉兴市中心府前街。

沈钧儒故居

嘉禾南湖　南湖文化基因

沈钧儒故居

沈钧儒（1875—1963），字秉甫，号衡山，浙江嘉兴人，中国民主革命家。沈钧儒出生于典型的官宦世家，是清光绪进士，曾留学日本，回国后参加辛亥革命，并于1912年加入中国同盟会。在五四运动期间，他撰文提倡新道德、新文化。沈钧儒曾任国会议员、广东军政府总检察厅检察长、上海法科大学教务长。1936年，他参与发起并组织了全国各界救国联合会，积极开展抗日救亡运动，却因触怒当局而被捕入狱，为著名的救国会七君子之一。同时，他也是中国民主政团同盟的创始人之一，为反对内战争取和平、建立和扩大爱国统一战线作出了很大贡献。

中华人民共和国成立后，沈钧儒历任中央人民政府委员，最高人民法院院长，第一、二届全国人大常委会副委员长，第一至三届全国政协副主席，民盟中央副主席、主席等职，被誉为"爱国知识分子的光辉榜样"。

沈钧儒故居位于南湖区建设街道环城南路，为清末建筑，坐北朝南，砖木结构，粉墙黛瓦，古朴典雅。故居第一进头门于抗日战争时期被毁，仪门在20世纪70年代已破损。为缅怀沈钧儒先生光辉的一生，弘扬其伟大的爱国主义精神和崇高品质，1997年8月1日，嘉兴市启动故居修复工程，修复后的沈钧儒故居占地面积达2100平方米，由头门、仪门、前厅、后楼及东西厢房组成。

第一进头门于2001年重建，现为工作人员办公室；第二进为三开间平房，抬梁式，札牵，梁坊上雕有花草纹；第三进为三开间二层楼房，抬梁式，梁坊上雕有纹饰。第二、三进间东、西两侧设有厢房。大厅原为五开间，后失火，由沈家修建改为三开间。沈钧儒故居现存大厅、堂楼，除墙门已拆毁、堂楼前檐改变外，整个住宅的柱础、梁架、雕刻纹饰均保存完整。

故居内，头门的西侧是纪念馆辅助陈列室，展示了有关沈钧儒的丰富藏品史料。前厅为沈钧儒铜像瞻仰大厅，面目慈祥的沈钧儒像置于中央。前厅东西两壁陈列了党和国家领导人为纪念馆所写的题词；后楼是以"伟大的爱国主义者沈钧儒"为主题的纪念馆主陈列展厅，其中展出的400多幅图片及100多件藏品向后人诉说着沈钧儒伟大而光辉的一生。陈列内容共分为八个部分：进士出身探索救国；参加辛亥革命反对北洋军阀；争取人民权利投身抗日救国；坚持团结抗战争取实现民主政治；反对内战为建立新中国而奋斗；献身社会主义建设事业；崇高品格博大情怀；深切怀念沈钧儒先生。同时，为了纪念沈钧儒生前对石头的喜爱，其故居原西厢房现取名为"与石居"，里面陈列了沈钧儒在不同时期收藏的部分石头。

沈钧儒故居规模较大，做工考究，保存较好，对于研究沈钧儒先生生平有很高的价值。1997年，故居被公布为浙江省级文物保护单位。2001年，故居完成修缮布展对外免费开放。2019年被公布为第八批全国重点文物保护单位。

一、要素分解

（一）物质要素

1. 优越的地理位置——红船起航地

沈钧儒故居位于浙江省嘉兴市南湖区。京杭大运河绕城而过，老城东南春波门外湖面上，一艘改变了时代的红船，更是让嘉兴永载史册。在中国革命红船起航的地方——嘉兴南湖畔，有一种力量一直激励着后人奋楫扬帆，奋斗逐梦，那就是"红船精神"。作为红船起航地，百年来，南湖畔发生了太多的故事，这片土地上的红色旅游资源是为见证。在这些红色旅游资源中，有相当一部分是革命文物。革命文物见证了革命先辈为民族独立和人民解放英勇奋斗的光辉历程，承载着艰苦奋斗、不屈不挠、一往无前、敢于胜利、敢于牺牲的革命精神，是中华民族宝贵的精神财富。其中，嘉兴不可移动革命文物分别是嘉兴南湖中共一大会址和沈钧儒故居，均为近现代重要史迹及代表性建筑。近年来，这两处革命文物已成为南湖区红色旅游两张"金名片"。

2. 红色教育基地——沈钧儒纪念馆

沈钧儒纪念馆位于浙江省嘉兴市，是为纪念伟大的爱国主义者、杰出的民主战士沈钧儒先生而建的，设在沈钧儒故居内。为缅怀沈钧儒先生伟大光辉的一生，弘扬其爱国精神和崇高品格,教育后人,1998年6月11日,在纪念沈钧儒先生逝世35周年之际,沈钧儒纪念馆在嘉兴隆重开馆,在中国共产党的诞生地、美丽的嘉兴南湖之畔又多了一个面向全国的重要的爱国主义教育基地。

(二)精神要素

1. 投身革命,勇赴国难的爱国精神

辛亥革命爆发后,沈钧儒参加浙江起义,组织建立革命政权,后又参加反对袁世凯和北洋军阀的斗争。大革命时期,沈钧儒参与建立浙江省临时政府,并与中国共产党密切合作,四一二反革命政变时险遭杀害。大革命失败后,沈钧儒从事教育和法律,以律师身份,为人民群众争取利益。九一八事变后,沈钧儒义无反顾地投身抗日救亡运动,组织救国会,主张各党派团结一致联合抗日,因而受到日本帝国主义和国民党的迫害,被国民党政府逮捕入狱。卢沟桥事变后,国共合作,形成抗日民族统一战线,沈钧儒积极参加全国抗战,做了大量的宣传组织工作。在整个抗战阶段,他衷心拥护中国共产党抗战、团结、进步的主张,反对国民党的投降、分裂、倒退政策,在抗日斗争中,他与共产党的关系日益亲密。抗战胜利后,沈钧儒为争取和平、民主和自由,为反对和制止国民党蒋介石发动内战、实行独裁统治积极奔走。在民盟被迫解散后,沈钧儒前往香港,恢复民盟组织,主持召开民盟一届三中全会,鲜明地提出反蒋反帝反封建的政治主张。在解放战争即将取得胜利的前夕,沈钧儒到达解放区参加新政协的筹备工作,为缔造中华人民共和国作出了贡献。

2. 参政议政,为公为民的奉献精神

新中国成立后,沈钧儒先后担任中央人民政府委员,最高人民法院院长,第一、二届全国人大常委会副委员长,第一、二、三届全国政协副主席,以及民盟中央副主席、主席等职,为社会主义建设事业和爱国统一战线的发展,为创立和完善新中国的法制体系,为促进和保卫世界和平民主运动作出了杰出的贡献。

3. 淡泊名利,"俯首甘为孺子牛"的高尚情操

沈钧儒一生爱国、救国,矢志不移,意志坚如磐石。他淡泊名利,严于律己,为人正直,光明磊落,同时,他又是一个情感丰富的人,爱祖国,爱人民,

重亲情，重友情，热爱生活。他的身上既有中华民族不屈不挠的浩然之气，又处处体现"俯首甘为孺子牛"的高尚情操。

4. 与石为友，赏石励志的志趣

自古以来，石头是人们心目中坚强硕大、淳朴厚重的象征，它默默伫立，从不张扬。沈钧儒以石为乐，与石会友，赏石励志。在沈钧儒故居的西厢房，就藏着一个斑斓缤纷的奇石世界，即他的书斋——"与石居"。沈钧儒爱石、藏石，他这些藏石中，既有天上的陨石，也有山中化石、地下矿石、水中砚石，还有各式各样的奇石美石。沈钧儒对于石头的喜爱，可以说是几近痴迷，每得到一块石头，都要把它先放在清水中一遍遍刷洗干净，直到露出石头的本来面目，就连养在盆子里的石头，也坚持每天换水。沈钧儒所藏之石，每块都藏着他走过的足迹。有在抗美援朝时到朝鲜访问，在鸭绿江边捡到的；有在苏联访问期间，于列宁曾避过难的拉兹里夫草棚边捡到的；还有从柏林希特勒"总理衙门"的废墟上捡来的，或许还带着抗击侵略和革命的战火硝烟……观赏之余，这些藏石也能给予人启迪。

（三）制度要素

1. 匠心独具的建筑布局

故居前厅为沈钧儒先生铜像瞻仰大厅，两壁陈列党和国家领导人为纪念馆的题字；故居后楼为纪念馆主陈列展厅，主陈列"伟大的爱国主义者——沈钧儒"以大量翔实、生动的实物、图片史料为铺垫，从不同侧面真切地展示沈钧儒先生一生史迹，反映沈钧儒先生为祖国的独立、民主、和平、自由矢志不移、奋斗整整一生的光辉历程，讴歌沈钧儒先生彪炳史册的丰功伟绩。

2. 丰富多彩的主题活动

为了挖掘和利用好嘉兴名人资源，让人们更了解、热爱嘉兴，2020年，南湖晚报社携手南湖区关工委，组织"五老"（老干部、老战士、老专家、老教师、老模范）牵手"五小"（小主播、小讲解、小记者、小志愿者、小百灵），一起走近了身边的嘉兴名人。2020年7月26日上午，20名南湖晚报社小记者在"五老"的带领下走进了沈钧儒纪念馆，一起去了解这位值得每个嘉兴人自豪的文化名人，同时也开启了"'五老'带'五小'，从嘉兴名人看嘉兴"活动的第一站。

活动当天上午9点30分,"五老"与"五小"代表相聚在沈钧儒故居,开展"从嘉兴名人看嘉兴"的子活动,其目的,一是培养青少年的家国情怀,加强青少年的"四史"(党史、新中国史、改革开放史、社会主义发展史)教育。了解地方名人故事,增强文化自信,激发少年志气。二是培养青少年阅读的好习惯,使青少年真正感悟到"读万卷书,行万里路","读史使人明智,读诗使人灵秀"。"'五老'带'五小',培育红船好少年"系列活动由南湖区关工委联合区教体局、团区委、区少工委和南湖晚报社共同组织开展,希冀打造具有南湖韵、红船味的关工品牌。

(四)语言和象征符号

法治精神的符号象征

沈钧儒有一句名言:"堂上一笔朱,阶下千滴泪。"作为一名律师,沈钧儒对每一桩案件均认真审核,对于冤案,更是反复阅卷,务求使受冤屈者胜诉。当无力承担诉讼费的人来找他时,他可以不要酬劳,义务办案,甚至倒贴资金。如此行事风格,使得他在被捕入狱前每年都当选为上海律师公会执行委员。反对人治,主张法治,是沈钧儒法学思想的核心。沈钧儒认为,法制健全与否,是否实行法治,是国家强弱盛衰的重要因素。他曾为政治犯辩护,参加中国民权保障同盟,提出《切实保障人民权利案》,发起宪政运动、保障人民权利。作为一名政治活动家,沈钧儒的政治态度无论是改良还是革命,都体现着他对民主法治理想的执着追求。

二、核心基因提取与评价

基于对材料的全面、深入分析，得出本文化元素的核心基因："红色教育基地——沈钧儒纪念馆""投身革命，勇赴国难的爱国精神""与石为友，赏石励志"。

沈钧儒故居核心文化基因评价依据

评价项目	评价因子	评价依据（特点）	是否
生命力评价	文化基因存续的时间	自出现起延续至今，未曾明显中断	√
		自出现起延续至今，但多次衰微、中断后复兴	
		曾明显衰败，改革开放后开始复兴或历史溯源关键环节缺失，难以考证	
		文化形态主体已灭失，现存部分痕迹	
	文化基因的稳定性	在发展过程中保持相当稳定的状态	√
		在发展过程中存在明显的精神内涵、表现形式剧变	
凝聚力评价	文化基因的凝聚力及社会动员效果	曾广泛凝聚起区域群体的力量，显著推动过社会经济文化的发展	√
		曾部分凝聚起区域群体力量，对社会经济文化的发展产生过影响	
		凝聚过力量，创造过实际的发展动能，但未见对社会经济文化发展产生显著改变	
		仅在历史文献或口耳相传中存在，未见实际介入社会经济发展	

续表

评价项目	评价因子	评价依据（特点）	是否
影响力评价	辐射的范围	具有全国性、世界性的影响力	
		具有长三角区域、浙江省影响力	√
		具有市县、乡镇影响力	
	提炼的高度	已经被古代文人士大夫和当代学者提炼为精神符号和理念理论	√
		单纯的样式、造型、工艺技术规范	
发展力评价	与当代精神追求和价值观念的契合	传统文化基因得到创造性转化、创新性发展；区域革命文化基因被完整继承、广泛弘扬；区域社会主义先进文化基因成为与浙江"三个地"相适应的文化高地	√
		部分转化、部分弘扬、部分发展	
		难以转化、难以弘扬、难以发展	

说明：基因特点评价是对解码出来的基因，根据本《导则》表2的要求，围绕"四个力"逐一对表打"√"，进行定性表述

（一）生命力评价

沈钧儒故居建于清代晚期，具有太湖流域和新安江流域两种传统建筑文化的特征，粉墙黛瓦，古朴典雅，有一定的历史和艺术价值，是浙江省重点文物保护单位。1996年底，嘉兴市委、市政府决定恢复沈钧儒故居并报请中共中央办公厅批复，次年，上级批复"同意在浙江嘉兴市建立沈钧儒故居"，并于1998年5月完成了故居修复第一期工程。沈钧儒故居陈列以400多幅图片、100多件实物为依托，极为生动而真切地反映出沈钧儒伟大而光辉的一生。沈钧儒故居用它承载的光辉历史，使后辈们能在其中循着革命前辈的足迹，走进波澜壮阔的历史，在寻访实践中，迈开青春步伐，传承红色基因，追溯红色记忆。这也是每个红色基地的使命。

（二）凝聚力评价

1936年，沈钧儒与宋庆龄等人发起并组织了全国各界救国联合会，积极开展抗日救亡运动，却因触怒国民党当局而被捕入狱，在狱中成为著名的救国会七君子领头人。在狱中，沈钧儒先生和大家一起互相支持、互相鼓励，坚决不写悔过书，坚持爱国无罪。此事件也在当时震动了国内外，全国各界人士纷纷向国民党当局提出抗议，掀起了声势浩大的营救运动。最终，在全民抗战的呼声日益高涨的巨大压力下，国民党当局不得已通过法庭宣布释放七君子。此事件体现了中华民族强大的凝聚力，汇聚起中华儿女团结奋斗的磅礴力量，充分地展现了广大中国同胞紧紧地将个人命运与祖国前途联系在一起，彰显出了正义的力量、团结的力量。

（三）影响力评价

沈钧儒故居，这座坐落于嘉兴市中心的院落，曾是沈钧儒先生居住的地方。故居内陈列从不同侧面真切地展示沈钧儒先生一生史迹，讴歌沈钧儒先生的丰功伟绩。沈钧儒先生的爱国主义精神，为求亡图存做出的贡献，以及崇高的品格，在当今世界仍然有着深远的影响，其精神值得我们每一位中华儿女学习与借鉴。

（四）发展力评价

沈钧儒故居这些红色印记承载着中国先烈们信仰坚定的政治本色、艰苦奋斗的思想源泉、世代传承的革命精神。在特定革命历史时期，在血与火的洗礼中沉淀形成的红色基因，承载着中国革命者的革命理想与信念，是社会主义核心价值观的体现，是革命年代的历史传统与精神文化传承的现代建构。这使我们深切感受到中国先烈开创中国革命的伟大，其精神不仅开拓了社会主义建设的新时期，还推进了中国特色社会主义现代化发展新时代，更成就了开天辟地的大事业。在今天，它也呼吁着青年以这些先辈的事迹为鉴，遵循红船精神的根本要求，发扬开天辟地的精神，在首创中奋斗，在奋斗中奉献，在中华民族伟大复兴的征途中成就新辉煌。

三、核心基因保存

"红色教育基地——沈钧儒纪念馆""投身革命,勇赴国难的爱国精神""与石为友,赏石励志"作为沈钧儒故居的核心基因,有《大爱无垠,访沈钧儒纪念馆》等5项文字资料,保存于嘉兴市南湖区文化基因解码调查组资料库中。沈钧儒故居实物位于嘉兴市南湖区环城南路。

浙江清华长三角研究院

嘉禾南湖　南湖文化基因

浙江清华长三角研究院

浙江清华长三角研究院，坐落于嘉兴科技城，是由浙江省人民政府与清华大学本着优势互补、共同发展的精神联合组建的研究机构。

浙江清华长三角研究院是习近平同志在浙江工作期间亲自谋划、亲自定名、亲自部署、亲自推动，由浙江省人民政府和清华大学共建的新型创新载体，是浙江省实施"引进大院名校，共建创新载体"战略的先行者、引领者，是清华大学在长三角区域的重要校地合作基地和产学研示范平台。研究院通过省校共建，立足市场需求，实行企业化管理，是优化科技资源配置、促进科技成果转化的开创性探索和生动实践。

截止到2021年，浙江清华长三角研究院累计为浙江引进培育超过800位海外高层次人才，投资孵化高科技企业2500余家，约10%入选高新技术企业、科技型企业，年贡献税收超过10亿元；承担纵横向科技项目总计800余项，获得"科创中国"十大产学研融通组织、教育部科技进步二等奖等国家、省、市各类奖励600余项，科技服务网络覆盖长三角区域的50多个县（市、区），年服务企业过万家。[①]

清华与浙江的这段缘分始于2003年。当时的浙江，已是有名的经济大省，但由于历史的原因，高等教育、科研机构却是捉襟见肘，全国"211工程"重点建设的近100所大学中，浙江只有浙江大学一棵独苗；中国科学院在全国有将近100个研究所，浙江境内却未占一席。

2003年3月，全国"两会"期间，时任浙江省委书记习近平率浙江省党政代表团走访清华园。习近平提议，清华大学在浙江建一个面向长三角地区的研究院。此前，清华大学已在北京、深圳、河北建了3个校外研究院，尤其是深圳研究院，与当地经济有机结合，显著提升了珠三角的科技创新能力。清华大学领导当场表示：清华会认真研究浙江方面的意见。

会谈一结束，时任浙江省科技厅副厅长的王子卿在清华大学副校长岑章志的陪同下，立即找到清华大学负责地方合作事宜的科技开发部，要求尽快派员到浙江考察、选址。清华大学被浙江的诚意所感动。一个多月后，岑章志带队，科技开发部、清华控股集团及清华紫光负责人等一行八人的清华考察团就到了浙江。

清华考察团抵浙后，浙江省科技厅引入了竞争机制，组织发动各地角逐与清华的合作。杭州的萧山，绍兴的上虞，嘉兴的嘉善、平湖、南湖参与了竞争。嘉兴更是拿出志在必得的姿态，专门成立了申请办，市长兼任申请办主任，提出"一院两区"理念，即总部建在南湖的嘉兴科技城，而把平湖、嘉善现成的科创中心、孵化楼作为分院区，市里专拨3200万元启动资金，450亩土地，总投资2亿元，

---

① 《"科创中国"2021峰会今天在嘉兴开幕！"科创中国"试点建设的嘉兴实践》，嘉兴发布，2021年7月6日。

兴建浙江清华长三角研究院。嘉兴及三区县领导甚至在"非典"期间冒险到深圳研究院实地考察。功夫不负有心人，加上嘉兴地处沪、杭、苏"金三角"的区位优势，浙江省政府和清华大学最终敲定清华长三角研究院"花"落嘉兴。

2003年12月31日，浙江省和清华大学正式签署了共同组建浙江清华长三角研究院协议，习近平、吕祖善等浙江省领导和清华大学党委书记陈希、校长顾秉林等出席签约仪式。清华大学还向浙江方面表示，清华将把长三角研究院作为"关门之作"，本届校领导任内不再建其他地方研究院。浙江清华长三角研究院的签约，标志着浙江省引进大院名校战略取得重大突破性进展。

高楼铸成非一日之功。研究院自酝酿之初便明确了完全按适应市场经济和科技发展规律的新体制新机制运行，实行自收自支，企业化管理，所以在成立初期，研究院可谓是白手起家。时任清华大学理学院常务副院长周海梦教授出任研究院院长。

在初期，研究院走过了一段艰难的"创业"之路。研究院没有固定的办公场所，缺少完善的科研设备，因此，研究院采取边筹备边运作的方式，哪个领域的条件成熟，就先建立哪个研究所。2004年7月，研究院在集成光学方面，具备了优秀的科研人员、实验室场地，还获得了浙江、江苏、上海二省一市的科技攻关项目，由此，集成光学研究所成为清华长三角研究院成立的首个研究所，利用浙江及长三角地区的光电产业集群优势和清华大学科研优势资源，整合产、学、研、资等各种资源力量。

招贤引才，对于成立之初的研究院来说更是迫在眉睫。按照浙江省和清华大学签署的协议，研究院主要在先进制造、信息技术、生态环境保护、生物医药和海洋资源开发5个领域发展。然而，事业的发展最重要的是吸引高层次的创新人才。研究院最紧迫的任务是努力将嘉兴周边的杭州、上海等大城市，甚至是海外的科技人才、年轻学者吸引过来。

周海梦院长凭着多年从事科研工作的经验和在学术界的影响力，从海内外的科研队伍里遴选"千里马"，然后三顾茅庐，用自己的事业心、用清华情结打动了一位又一位同样富有事业心的海内外科技精英。研究院广阔的市场前景、灵活的机制，人才可以凭科研技术入股产业化公司等优势，也吸引了众多海内外高科技人才加盟。

"栽得梧桐树，引得凤凰来。"只有把研究院建成国内一流的科技创新、人才培养和高新技术产业化基地，来研究院工作的学者才有了创新的载体、发挥作用的舞台。

2005年，周海梦院长被评为"浙江省首批特级专家"，2006年当选为浙江省科协第八届委员会副主席。2006年，研究院时任副院长、现任生态环境研究所所长陈吕军被浙江省政府授予"浙江省2005年度有突出贡献的中青年专家"称号。2009年，研究院生物技术与医药研究所副所长、韩国专家朴龙斗获得浙江省"西湖友谊奖"。此外，研究院还有多名年轻专家、学者被评为"钱江学者""省劳动模范"等。

2005年4月10日，研究院总部大楼——创新大厦举行奠基仪式，时任浙江省委书记习近平、清华大学校长顾秉林为大楼揭牌。2008年12月22日，研究院正式落成。在浙江各级政府、部门与清华大学的关心支持下，

研究院依托清华，服务浙江，积极开拓进取，在人才队伍建设、科技创新、高新技术产业化、人才培养、促进省校合作交流等方面不断发展。研究院相继建立起了生物技术与医药研究所、生态环境研究所、信息技术研究所，在各个领域不断实践创新。生物技术与医药研究所在基因克隆和表达技术，蛋白质分离、纯化、复性技术，酶的结构与动力学研究，磁免疫快速检测技术等方面建立了科技创新平台；生态环境研究所在水处理与污染控制、环境监测与传感器、环境工程设计、环境规划与环境影响评价等方面建成了科技创新平台；信息技术研究所正在软件技术、无线通信技术与应用、传感技术与智能网络等领域建设科技创新平台。其中既有与清华大学和地方政府合作，为当地支柱产业政府决策提供服务的研究中心，如建筑节能研究中心、长兴粉体及新材料工程研究中心、南湖绿色畜禽研发中心等；也有根据企业需求，为企业技术升级提供产学研发等技术支持的研究中心，如微环境控制技术研究中心、圣利研究开发中心等。

研究院以"坚持科技研究，坚持

产业发展"为办院方针，"省校合作的桥梁，人才培养的摇篮，科技创新的平台，成果转化的基地"为发展定位。多年来，在省校双方的大力支持下，研究院逐步成长为清华大学重要的产学研试验平台和成果转化基地，以及国内一流的新型创新载体。

浙江清华长三角研究院为创新而生，致力于构建具有先进水平的新型创新载体，为区域发展提供可复制、可推广的创新支撑。今后，浙江清华长三角研究院将努力为浙江省乃至长三角地区率先建成创新型省份（区域）、推动发展方式根本性转变作出更大的贡献。

一、要素分解

（一）物质要素
优越的研究环境

浙江清华长三角研究院是清华大学重要的产学研试验平台和成果转化基地，以及国内一流的新型创新载体。研究院在生命健康、数字创意、信息技术、生态环境等关键领域设立了50多个创新研发平台，建成了13家国家级、省级重点研发平台，29家国家级、省级创新创业孵化平台，以及科学家在线、科技母基金、科技保险、海纳英才支持计划等一系列综合创新服务平台，还在美、英、德、澳等国建立了11家离岸孵化器。

（二）精神要素
发展科研、服务社会的奉献精神

研究院的诸多研究成果得到创造性的转化利用，服务社会发展。例如，研究院曾受浙江省机关事务管理局委托，对省行政中心9座办公建筑进行能耗评估，提出了节能改造及运行建议，受到浙江省政府领导的好评。目前，省府大院部分办公楼已开始采用节能检测技术，该技术可降低能耗25%以上。研究院还为温州市政府编制了该市中长期建筑节能规划。

在社会事业领域，研究院同样出手不凡。面对棘手的太湖水质污染问题，研究院从2007年起对南太湖水源地藻毒素发生情况进行了检测，诊断了水厂现有工艺对藻毒素的去除效果，提出了工艺改进方案。

（三）制度要素

1."依托清华，立足浙江，服务长三角"的办院宗旨

浙江清华长三角研究院以清华大学科技、人才为依托，立足浙江，面向长三角地区经济社会发展需求，以国务院批准实施《长江三角洲地区区域规划》为契机，大力开展科技创新、技术服务、人才培养和高新技术产业化工作，为更好地发挥清华大学服务社会职能，推动长三角地区经济社会发展方式转变，实现科学发展、和谐发展、率先发展作出积极贡献。

2."北斗七星"的发展模式

研究院在产学研的基础上，提出了"政、产、学、研、金、介、用"七位一体的"北斗七星"发展模式，即政府、产业、大学、科研、金融、科技中介、市场应用，这七个要素构成一种新型创新体系。政：依托省校共建的独特优势，协调政府发挥调控扶持和政策导向作用；产：坚持科技成果转化不动摇，推动高新技术产业发展及经济结构调整；学：利用清华优质的教育资源，采用多种形式培养创新管理复合型人才；研：坚持开展应用性科技研究，促进区域性技术进步并提高自主创新能力；金：推进金融与科技有机结合，发挥资本对科技成果产业化的支撑作用；介：发挥积极的桥梁纽带作用，促进各创新要素的有效集聚和有机结合；用：面向经济社会建设主战场服务区域创新体系建设，促进可持续发展。

在"北斗七星"的发展模式下，研究院还衍生出"中心＋公司＋基金"的产业化模式，这个模式"打通校地两头"，使"创新链－产业链－资本链"相通共融，有力促进科技成果转化，对深化体制改革、推动区域协同创新和高科技成果产业化，具有重大的现实意义和示范作用。

3."引进大院名校，共建创新载体"的发展战略

浙江清华长三角研究院是浙江省实施"引进大院名校、共建创新载体"战略中成立的第一家省校共建创新载体，是清华大学在长三角区域的重要校地合作基地和产学研示范平台。浙

江清华长三角研究院的引进，具有非常重要的标志性意义。首先，自浙江清华长三角研究院成立以来，通过引进国内外大院名校在浙江建立分支研究机构，或共建重点实验室、科技园、研究院、博士后流动站等各类科技创新载体，团队式引进人才，成为浙江一种新的人才引进方式。其次，在嘉兴，浙江清华大学长三角研究院入驻后，中科院的9个研究所也被"请"了进来。在清华大学、中科院"双核"的带领下，乌克兰国家科学院国际技术转移中心、同济大学分支机构先后入驻。在浙江，以此为起步标志，全省一鼓作气在近7年时间内引进了80多家包括国内外一流的高等院校、科研院所和世界500强企业研发机构的各类创新载体。这些遍布在浙江各地的创新载体像浙江清华长三角研究院一样，成为一座座凝聚创业创新领军团队的"凤凰台"。

4. 灵活的人才政策和激励机制

公平与礼遇，乃人才归心之本。浙江省对于研究院和科技人才的重视和对人才的各种创新激励机制，让来自五湖四海的创业创新精英们倍感振奋。研究院广阔的市场前景、灵活的机制及人才可以凭科研技术入股产业化公司等优势，吸引了众多海内外高科技人才加盟。研究院除了给引进人才较好的待遇和良好的科研工作环境之外，还充分结合个人专长和工作需要，合理安排、调整岗位，让人才在管理、科技创新、人才培训和成果产业化等工作中各尽其能，尽展所长。

二、核心基因提取与评价

基于对材料的全面、深入分析,得出本文化元素的核心基因:"引进大院名校,共建创新载体的发展战略""依托清华,立足浙江,服务长三角的办院宗旨""灵活的人才政策和激励机制"。

浙江清华长三角研究院核心文化基因评价依据

评价项目	评价因子	评价依据(特点)	是否
生命力评价	文化基因存续的时间	自出现起延续至今,未曾明显中断	√
		自出现起延续至今,但多次衰微、中断后复兴	
		曾明显衰败,改革开放后开始复兴或历史溯源关键环节缺失,难以考证	
		文化形态主体已灭失,现存部分痕迹	
	文化基因的稳定性	在发展过程中保持相当稳定的状态	√
		在发展过程中存在明显的精神内涵、表现形式剧变	
凝聚力评价	文化基因的凝聚力及社会动员效果	曾广泛凝聚起区域群体的力量,显著推动过社会经济文化的发展	√
		曾部分凝聚起区域群体力量,对社会经济文化的发展产生过影响	
		凝聚过力量,创造过实际的发展动能,但未见对社会经济文化发展产生显著改变	
		仅在历史文献或口耳相传中存在,未见实际介入社会经济发展	

续表

评价项目	评价因子	评价依据（特点）	是否
影响力评价	辐射的范围	具有全国性、世界性的影响力	√
		具有长三角区域、浙江省影响力	
		具有市县、乡镇影响力	
	提炼的高度	已经被古代文人士大夫和当代学者提炼为精神符号和理念理论	√
		单纯的样式、造型、工艺技术规范	
发展力评价	与当代精神追求和价值观念的契合	传统文化基因得到创造性转化、创新性发展；区域革命文化基因被完整继承、广泛弘扬；区域社会主义先进文化基因成为与浙江"三个地"相适应的文化高地	√
		部分转化、部分弘扬、部分发展	
		难以转化、难以弘扬、难以发展	

说明：基因特点评价是对解码出来的基因，根据本《导则》表2的要求，围绕"四个力"逐一对表打"√"，进行定性表述

（一）生命力评价

"引进大院名校，共建创新载体的发展战略""依托清华，立足浙江，服务长三角的办院宗旨""灵活的人才政策和激励机制"作为浙江清华长三角研究院发展壮大的核心文化基因，自出现起发展至今，保持相当稳定的状态。当前浙江清华长三角研究院已经形成了以嘉兴总部院区为主体，杭州分院、宁波分院、台州创新中心等地院区协同发展的战略发展布局。在浙江扎下根、立住脚的浙江清华长三角研究院，真正具备了辐射长三角、服务长三角的综合实力。展现出强大的生命力。

（二）凝聚力评价

"引进大院名校，共建创新载体的发展战略""依托清华，立足浙江，服务长三角的办院宗旨""灵活的人才政策和激励

机制"作为浙江清华长三角研究院发展壮大的核心文化基因,在全球范围内广泛凝聚起群体力量,显著推动社会经济文化发展。浙江省对于研究院和科技人才的重视和对人才的各种创新激励机制,让来自五湖四海的创业创新精英们倍感振奋。研究院拥有广阔的市场前景、灵活的机制及人才可以凭科研技术入股产业化公司等优势,吸引了众多海内外高科技人才加盟。自研究院成立开始,浙江省引进了非常多大院名校,共建创新载体,成为一座座凝聚创业创新领军团队的"凤凰台",极大促进了社会经济的发展。

(三) 影响力评价

"引进大院名校,共建创新载体的发展战略""依托清华,立足浙江,服务长三角的办院宗旨""灵活的人才政策和激励机制"作为浙江清华长三角研究院发展壮大的核心文化基因,具有全国性、世界性的影响力。浙江清华长三角研究院以清华大学科技、人才为依托,立足浙江,面向长三角地区经济社会发展需求,大力开展科技创新、技术服务、人才培养和高新技术产业化工作。目前,研究院在生命健康、数字创意、信息技术、生态环境等关键领域设立了50多个创新研发平台,建成多个国家级、省级重点研发平台和创新创业孵化平台,还在美、英、德、澳等国建立了多家离岸孵化器。研究院正在为世界科学发展贡献力量,发挥其作用与影响。

(四) 发展力评价

"引进大院名校,共建创新载体的发展战略""依托清华,立足浙江,服务长三角的办院宗旨""灵活的人才政策和激励机制"作为浙江清华长三角研究院发展壮大的核心文化基因,具有长远强大的发展能力。浙江清华长三角研究院为创新而生,致力于构建具有先进水平的新型创新载体,为区域发展提供可复制、可推广的创新支撑。浙江清华长三角研究院努力为浙江省乃至长三角地区率先建成创新型省份(区域)、推动发展方式根本性转变作出更大的贡献,为实现科学发展、和谐发展、率先发展作出积极贡献。

三、核心基因保存

"引进大院名校，共建创新载体的发展战略""依托清华，立足浙江，服务长三角的办院宗旨""灵活的人才政策和激励机制"作为浙江清华长三角研究院的核心基因，资料保存情况如下：

文字材料有《又到春暖花开时——浙江清华长三角研究院创建五周年纪实》《浙江清华长三角研究院：科技成果转化的"智库"》等11项，保存在嘉兴市南湖区文化基因解码调查组资料库中；图片材料有22张，保存在嘉兴市南湖区文化基因解码调查组资料库中。

烟雨楼

嘉禾南湖　南湖文化基因

烟雨楼

烟雨楼是嘉兴南湖湖心岛上的主要建筑，历来为南湖游观登眺之所，素以"微雨欲来，轻烟满湖，登楼远眺，苍茫迷蒙"的景色著称于世，现已成为岛上整个园林的泛称。

烟雨楼始建于五代后晋年间（936—947），初位于南湖之滨。烟雨楼为吴越国广陵郡王钱元璙所建，"筑登眺之所，以馆宾客"。后楼体坍圮，遗址无存。明嘉靖年间，嘉兴知府赵瀛疏浚城河，将所挖河泥填入湖中，遂成湖心小岛，后仿五代时期烟雨楼之旧貌，建楼于岛上，从此烟雨楼开始有了比较确切的文字记载。后烟雨楼毁于战乱。清康熙二十年（1681），烟雨楼在原址重建，雍、乾年间进行多次大规模整修。乾隆皇帝六下江南期间，曾八次驻跸烟雨楼，每次都留下诗篇。同治三年（1864），烟雨楼毁于太平军与清军的激战中。

民国七年（1918），嘉兴县知事张昌庆重建了烟雨楼，重建工程浩大，楼体结构坚固，宏伟壮丽，也是今日所存的楼体。1921年，中共一大在南湖秘密召开，烟雨楼成为中共一大历史的重要见证物。1937年，嘉兴被日军占领，烟雨楼古建筑群中除了大士阁被大炮击中摧毁外，其余仍完好。嘉兴解放后，经过多次整治和修葺，这座江南名楼，再也没有出现过因年久失修而衰败的景象。

如今的烟雨楼正楼高约20米，分两层，面积约640平方米，重檐画栋，朱柱明窗，气势非凡。登楼远眺，南湖风光尽收眼底。楼前檐悬董必武题写的"烟雨楼"匾额，楼下正厅楹联"烟雨楼台革命萌生，此间曾着星星火；风云世界逢春蛰起，到处皆闻殷殷雷"为董必武所书。楼中还有许多石刻，其中宋代苏轼、黄庭坚、米芾的题刻，元代吴镇的竹画刻石，近代吴昌硕所书的墓志铭碑刻等较为著名。

以烟雨楼为中心的湖心岛园林古建筑，占地11亩，园内楼、堂、亭、榭、阁错列，四面长堤回环。其风格具有典型的江南园林古建筑特色，叠山造水、花木配置、碑刻艺术等都别具匠心。烟雨楼入口处为清晖堂，门外北侧墙上嵌有"烟雨楼"石碑，堂后和烟雨楼正楼东南侧各有一座乾隆帝题诗的御碑亭。清晖堂两侧左为"菱香水榭"，右为"菰云簃"。走廊右有宝梅亭，内有清代名将彭玉麟画的两块梅花碑。烟雨楼后，假山巧峙，花木扶疏。假山西北，亭阁错落排列，回廊曲径相连，玲珑精致，各具情趣。

历代的文人墨客所作有关南湖烟雨楼的诗词曲赋中佳作颇多。南宋杨万里的《烟雨楼》七律，吟咏轻烟疏雨，常为后人所引用；南宋吴潜的《水调歌头》，是歌唱烟雨楼的豪放之作；清代吴伟业的《鸳湖曲》，描写了南湖景色；还有朱彝尊的《鸳鸯湖棹歌》，为后人所传唱。丰富的诗词作品赋予了烟雨楼深厚的文化底蕴，使烟雨朦胧的自然景观更具人文色彩。

一、要素分解

（一）物质要素

1. 古朴雅致的烟雨楼古建筑群

烟雨楼古建筑群规模庞大、古朴雅致。主体建筑烟雨楼，400多年来屡建屡毁，饱经沧桑。最近一次的重修人是嘉兴知事张昌庆。如今的烟雨楼面积约为640平方米。整座楼为一座雕梁画栋、朱柱明窗的五楹二层重檐歇山建筑，屋顶等级仅次于庑殿顶，屋顶正脊的两端装饰有吻兽。

乾隆皇帝第五次南巡后，还命能工巧匠在承德避暑山庄按南湖烟雨楼的样子仿造了一座楼台。除烟雨楼之外，还有清晖堂、乾隆御碑亭、观音阁、宝梅亭、来许亭、鉴亭等。烟雨楼建筑群中的亭子具有同中有异的创新性。西御碑亭、访踪亭为全开敞式。东御碑亭则可称之为"半亭"，西面有墙，墙上有门，北面还有窗，这在整体造景中起到抑景、框景的作用。宝梅亭、来许亭、鉴亭则为封闭式，且外侧皆有回廊，属于规模较大的亭，实则可以称为"阁"。初建时或许没有如此大的规模，经过时代的变迁才演变成现在的规模，亭名依然保留了下来，因为这些名字都非常具有纪念意义。尤其值得一提的是宝梅亭的回亭，它位于亭的西面，下面正是鱼乐国，平时外面游客再多，这里也总是很安静的。

2. 生意盎然的花木景观

烟雨楼近旁有迷人的花草树木景观。明万历年间，王象晋《群芳谱》载："烟雨楼前玉兰花，莹洁清丽，与翠柏相掩映，挺出楼外。"清乾隆三十年（1765），乾隆皇帝有《游烟雨楼即景杂咏四首·其二》："即景无过遣兴题，过誉老笔注金镍。楼前一对玉兰树，直与楼檐开并齐。"乾隆二十八年（1763），蒋元龙《泛南湖登烟雨楼》诗注："山茶老本，从白莲寺移植。"

乾隆年间，项映薇《古禾杂识》有"烟雨楼看牡丹"句。道光三十年（1850），张应昌有《烟雨楼诗》："春去沈荫重，楼空淡日斜。一绳碧菱界，五丈白藤花。依然鱼知乐，难逢酒特赊。荒烟芳草外，别意结幽遐。"几十年后，"滮湖遗老"金蓉镜又特为作歌《湖楼藤花歌·用紫藤花下酒歌韵》，对这株乾隆时遗留下来的白藤花一唱三叹地赞颂不已。

目前的湖心岛内有62棵树木，其中100年树龄以上的古树有17棵，树种有香樟、银杏、朴树、槐树、桂花树等。烟雨楼前的两棵古银杏树是明代古树，已有450多年的树龄。这两棵银杏树现树冠已高达15米，树干胸径0.9米。几百年来，古树目睹了烟雨楼因战乱多次毁建和湖心岛的兴衰

发展，饱经沧桑，但仍苍劲挺拔、生机盎然。

3. 数量丰富的珍贵碑刻作品

烟雨楼建成的1000多年历史里，历代文人墨客相继而来，给南湖留下了许多优美的画卷和诗句，据此刻制的珍贵碑刻约有67块。留下碑刻的名家众多，如董其昌、苏轼、黄庭坚、米芾、苏辙、吴镇等。烟雨楼北侧有一块由明代大书画家董其昌题书的"鱼乐国"石碑。明万历年间董其昌来嘉兴时，觉得嘉兴以范蠡湖作为放生湖太小，建议把南湖作为放生湖，并手书"鱼乐国"三字。同年立碑于烟雨楼北，现已成为烟雨楼名迹之一。

乾隆题烟雨楼诗碑更是湖心岛上一道独特的风景线。乾隆在位期间曾经六下江南，八登烟雨楼，每次到来都赋诗留迹，以记其游，对江南水乡特色的南湖烟雨风光赞叹不已。湖心岛上有东、西御碑亭两处，碑石上镌刻着乾隆题南湖烟雨楼的诗篇。鉴亭北面朝外侧壁内嵌一碑，为宋代著名书画家米芾的真迹，后请人摹刻在鉴铭碑阴，供人欣赏。宝梅亭中有一竖一横两块梅花图碑刻，为光绪元年（1875）农历三月嘉兴知府许瑶光邀请其湖南同乡兵部尚书彭玉麟来南湖游玩时所作，之后请嘉兴秀才钟沈林将画刻于石上所得。光绪三年（1877），彭玉麟重游南湖时，得知竖碑左上角有一缺口，即补上了一个月亮，竟增添了"暗香浮动月黄昏"的意境。

（二）精神要素

1. 民众对秀美江南风光的热爱之情

最初，烟雨楼的建设是为了登高眺远，欣赏大自然景致。纵观烟雨楼从初建到现在，不难发现，烟雨楼的修建满足了人们对美好环境的追求、对改造城市生存环境的追求、对游览玩赏的需求。政府的主导修建、人民的喜欢，共同促进了烟雨楼景观的发展，促使其成为一代名楼。

2."不殊图画倪黄境，真是楼台烟雨中"的诗情画意

乾隆十六年（1751），乾隆皇帝开始第一次南巡。正月十三日从北京出发至苏州，后自吴江到嘉兴，驻跸在秀水县北教场大营，即北门外杉青闸对面的御花园。次日游览烟雨楼，有《烟雨楼用韩子祁诗韵》诗记其事："春云欲泮旋蒙蒙，百顷南湖一棹通。回望还迷堤柳绿，到来才辨树梅红。不殊图画倪黄境，真是楼台烟雨中。欲倩李牟携铁笛，月明度曲水晶宫。"此诗中"不殊图画倪黄境"一句中的"倪黄"，是指元代著名画家倪瓒和黄公望。"欲倩李牟携铁笛"是说乾隆皇帝身临此境，感到南湖烟雨风光真似寻味不尽的画卷，不禁生发联想：如果在明月下登临四面围水的烟雨楼，请李牟这样的笛子高手吹起铁笛，那真如到了龙王的水晶宫。李牟相传是唐朝时天下第一的笛手，曾经在月夜泛舟时吹起笛子，其声清壮雄奇，"山石可裂"。这四句的想象，把人带到了更高的审美境界，更为南湖优美景色增添了丰富的画境诗意。

（三）制度要素

1. 精妙的园林山水布局

烟雨楼古建群在园林造景中十分注重园林的山水布局。园中主要有两处山水景观：一处是元宝池，将园外之水借于园中，与整个园林融为一体，境界深远；另一处是放生池，位于园林的北面鱼乐国碑刻处，是一个极小的水池，周围以峰石为主，形成一个微缩的山水景观。叠石造山的造景艺术在烟雨楼古建园林中的运用更是精妙，小岛随处皆见选型别致的假山造景。湖心岛园林用石多以太湖石为主，最值得推崇的是位于烟雨楼北面的假山，是明朝末期著名造园家张涟的大作。这座假山全由太湖石叠成，有石壁石洞、山谷蹬道，在结构、布局、造型上都有独到之处。民国七年（1918）重建烟雨楼时，本地园林艺术大师沈石荪重作布置，给整个园林增添了不少生趣。

2. 兼顾单体建筑与整体景观的格局

明朝之后，烟雨楼在不断修建过程中逐步发展。烟雨楼初为单体观景楼阁，湖心岛体量大而显得有所空缺，随后陆续建造亭台楼阁形成建筑群，增添了不少人文气息。湖心岛上的建

筑群到达一定的体量后，烟雨楼的布局特征显现，赋予其更多的景观内涵和功能，又因神仙传说影响，湖心岛便有了"瀛洲胜境"的美名。烟雨楼是南湖湖心岛上的点景建筑，且协调于大环境。湖心岛的整体格局在烟雨楼处呈现外向型视觉环视空间。烟雨楼形成建筑群之后，湖心岛具有相对独立的景观格局，内部空间成就其园中园的特质。原本烟雨楼作为视觉焦点从属于整个南湖，建筑组合完善之后，在视觉焦点基础上形成园中园，是造园手法的提升，保留了整体南湖的点景效果，又开创了园中园的景观中心。湖心岛与整个南湖有了大小空间对比，视觉空间也有所扩大，景深加强，增添了南湖景观的丰富性；而相对独立的湖心岛有一定的封闭性，对于景观有一定的收聚作用，增加了探幽访胜的趣味，突显了海上仙岛的营造趣味。

3. 革命萌生的历史见证者地位

烟雨楼正厅最为醒目的位置悬挂着一副楹联："烟雨楼台革命萌生，此间曾着星星火；风云世界逢春蛰起，到处皆闻殷殷雷。"这一楹联是1963年董必武同志应邀为中国共产党第一次代表大会南湖会址撰书的纪念之作。上联开门见山，直说"烟雨楼台"。烟雨楼自古是历史名胜地，但更重要的是此楼曾见证了中共一大南湖续会的整个过程，是中共一大的历史见证物。董必武同志以"革命萌生"说明，中国共产党要领导萌发初生的中国无产阶级革命运动，以求实现伟大的革命目标。"星星之火，可以燎原"，以"星星火"来评价中共一大的巨大历史影响，十分恰当。下联"风云世界"之"风云"一词，观察点已由南湖一地推及全国、推及全球，写出"风云巨变"的大好形势。"逢春蛰起"则形象鲜明地描绘出革命蓬勃发展之势，正如民歌所唱的"共产党像太阳，照到哪里哪里亮，哪里有了共产党，哪里人民得解放"。20世纪60年代，世界人民争取解放的革命风起云涌，电闪雷鸣。毛泽东《满江红》词云"四海翻腾云水怒，五洲震荡风雷激"，所以下联结句用"到处皆闻殷殷雷"，形象鲜明，绘声绘色，比喻贴切，一语千钧。事实上已经非常准确、鲜明、生动地说明中国共产党所起到的革命推动作用和重大的历史意义。

二、核心基因提取与评价

基于对材料的全面、深入分析，得出本文化元素的核心基因："古朴雅致的烟雨楼古建筑群""民众对秀美江南风光的热爱之情""革命萌生的历史见证者地位"。

烟雨楼核心文化基因评价依据

评价项目	评价因子	评价依据（特点）	是否
生命力评价	文化基因存续的时间	自出现起延续至今，未曾明显中断	
		自出现起延续至今，但多次衰微、中断后复兴	√
		曾明显衰败，改革开放后开始复兴或历史溯源关键环节缺失，难以考证	
		文化形态主体已灭失，现存部分痕迹	
	文化基因的稳定性	在发展过程中保持相当稳定的状态	√
		在发展过程中存在明显的精神内涵、表现形式剧变	
凝聚力评价	文化基因的凝聚力及社会动员效果	曾广泛凝聚起区域群体的力量，显著推动过社会经济文化的发展	√
		曾部分凝聚起区域群体力量，对社会经济文化的发展产生过影响	
		凝聚过力量，创造过实际的发展动能，但未见对社会经济文化发展产生显著改变	
		仅在历史文献或口耳相传中存在，未见实际介入社会经济发展	

续表

评价项目	评价因子	评价依据（特点）	是否
影响力评价	辐射的范围	具有全国性、世界性的影响力	√
		具有长三角区域、浙江省影响力	
		具有市县、乡镇影响力	
	提炼的高度	已经被古代文人士大夫和当代学者提炼为精神符号和理念理论	√
		单纯的样式、造型、工艺技术规范	
发展力评价	与当代精神追求和价值观念的契合	传统文化基因得到创造性转化、创新性发展；区域革命文化基因被完整继承、广泛弘扬；区域社会主义先进文化基因成为与浙江"三个地"相适应的文化高地	√
		部分转化、部分弘扬、部分发展	
		难以转化、难以弘扬、难以发展	

说明：基因特点评价是对解码出来的基因，根据本《导则》表2的要求，围绕"四个力"逐一对表打"√"，进行定性表述

（一）生命力评价

烟雨楼自五代十国至今经历了1000多年，最初是豪门别墅，以欣赏漾湖和鸳湖景观为主，到明朝后增加建筑、挪移位置、栽植树木，成为不仅观景而且点景的公共邑郊游览地，再到清朝因势修整建筑，不断丰富景观，最终成为一代名楼。1921年，此楼见证了中共一大南湖续会的整个过程，是中共一大的历史见证物。虽然在历史变迁中经历盛衰毁建，但其始终保留着人间仙岛的意蕴风格，满足其最初的"仙人好高楼"的意境设定，幽静深远。因此，其核心基因"古朴雅致的烟雨楼古建筑群""民众对秀美江南风光的热爱之情""革命萌生的历史见证者地位"自出现起延续至今，虽多次衰微、中断后复兴，但在发展过程中保持相当稳定的状态。

（二）凝聚力评价

烟雨楼历来为南湖游观登眺之所，素以"微雨欲来，轻烟满湖，登楼远眺，苍茫迷蒙"的景色著称于世，颇受帝王将相、文人骚客、普通民众的青睐，宋代苏轼、黄庭坚、米芾，元代吴镇，清代乾隆皇帝，近代吴昌硕等均在此留下诗画作品，赋予了烟雨楼深厚的文化底蕴。此楼历经多次战乱，屡毁屡建。1921年，此楼曾见证了中共一大南湖续会的整个过程，是中共一大的历史见证物。可见，烟雨楼不仅是风光秀丽的江南园林奇葩、历代艺术大家诗画作品的集聚地，而且是时代变迁的历史见证者。因此，其核心基因曾广泛凝聚起区域群体的力量，显著推动过社会经济文化的发展。

（三）影响力评价

烟雨楼古建筑群是我国传统园林古建筑文化的瑰宝，有着独特的地理适应性、文化内涵及审美意境，它自五代始建到明代迁建，伴随着朝代的更迭，历经风霜，在数代人的努力下，终于形成今天的格局，成为江南著名的游览名胜。历代文人墨客甚至帝王都对南湖烟雨楼不吝赞美之词，留下了丰富的诗词、绘画作品，更重要的是，烟雨楼是中共一大的历史见证物。目前，烟雨楼是全国重点文物保护单位。因此，烟雨楼在古建筑文化、文学艺术、革命文化等多个领域具有全国性的影响力，其核心基因具有全国性、世界性的影响力，且已经被古代文人士大夫和当代学者提炼为精神符号和理念理论。

（四）发展力评价

烟雨楼至今已有1000多年的历史，楼中尚保存着历代文人的碑刻60多件，在其左右两侧还配有宝梅亭、凝碧阁等建筑，后院则饰以假山叠石和四季花木。整个小岛布局疏密得当、精巧雅致，富有江南园林的特色。烟雨楼历史悠久、文化底蕴深厚，具有重要的文物价值以及园林艺术价值。同时，作为中共一大会议召开的历史见证物，烟雨楼中设有南湖革命纪念馆的展览室，馆内陈列着许多珍贵的革命历史文物和照片，供游人参观瞻仰。因此，烟雨楼具有重要的红色革命文化和旅游价值，综上，其核心基因"古朴雅致的烟雨楼古建筑群""民众对秀美江南风光的热爱之情""革命萌生的历史见证者地位"与当代精神追求和价值观念的契合,具有创造性转化、创新性发展的潜力。

三、核心基因保存

"古朴雅致的烟雨楼古建筑群""民众对秀美江南风光的热爱之情""革命萌生的历史见证者地位"作为烟雨楼的核心基因,有《烟雨楼台醉江南》等13项文字资料,保存于嘉兴市南湖区文化基因解码调查组资料库中。实物烟雨楼及相关建筑群位于嘉兴南湖湖心岛上。

南湖画舫制作技艺

嘉禾南湖 南湖文化基因

南湖画舫制作技艺

嘉兴造船业历史悠久，历经隋、唐、宋、元，具备了相当的规模和水平。至明代，画舫成为嘉兴南湖湖面上的一道风景线。这种较为独特的船只类型，一般装饰华丽，供人游览，比其他船只更具文化内涵和艺术气息。明末清初散文家张岱所著《陶庵梦忆·烟雨楼》中记载："（南）湖多精舫，美人航之，载书画茶酒，与客期于烟雨楼。客至则载之去，舣舟与烟波缥缈。"嘉兴本土风俗志《古禾杂识》记载："烟雨楼前，画歌船鼓日夜不绝。"伴随着画舫在南湖湖面兴起，其制作技艺在南湖地区取得了长足发展，成为当地民间的工艺瑰宝。

南湖画舫以杉木、红木为主要原料，运用锯、斧、凿、刨、钻、榔头等传统木工工具制作，前后包括钻眼、打钉、拼接、验缝等十几道工序。制成后的船在当地俗称丝网船，并分成前舱、中舱和后舱。船体雕刻图案十分精美，以历史典故和神话传说为主题，如八仙过海、渔樵耕、三英战吕布、过五关斩六将、姜太公钓鱼等，另外还有梅、兰、竹、菊、动物等图案。这些图案中的人物神情和动作极为精美，花卉、动物姿态各异，具有浓厚的文化底蕴和较高的观赏性。

南湖画舫制作技艺在嘉兴地区流传较广。嘉兴胜丰村圣堂港的张作明出身造船世家，是制作生产农用木船及画舫的民间高手。他15岁起就跟父亲张玉林学造船，50多年来练就了精湛的手艺。生于余新镇的傅阿江亦出身于造船世家。他的儿子傅仁根从小跟随其学习造木船。此外，南湖当地还有浙江省级非遗项目"南湖画舫制作技艺"代表性传承人韩鸣华。他于1972年跟随傅仁根学习造船，1999年又跟随张作明学习造船，后创办了嘉兴市鸣华船模制作有限公司等，专门生产南湖画舫和船模型，使画舫制作技艺得到了传承和保护。

南湖画舫不仅是嘉兴传统民间工艺的代表，而且也是中国共产党诞生的见证者。1921年7月，中共一大在上海秘密举行，因突遭搜查，会议被迫终止。此后，由李达夫人王会悟作向导，代表们从上海乘火车转移到嘉兴，在南湖的一艘画舫上完成了大会议程，庄严宣告了中国共产党的诞生。这艘画舫因而获得了一个永载中国革命史册的名字——红船，并成为教育当代中国共产党人的无价瑰宝和提高党执政能力、始终保持党先进性的宝贵资源和精神财富。

近年来，嘉兴市和南湖区政府在围绕南湖画舫制作技艺的保护和发展上，采取了一系列措施，在深入挖掘文化内涵、扩大宣传范围、制定保护办法、培养传承人等多个方面不懈努力，取得了良好的经济效益和社会效益。如今，韩鸣华创办的公司年产南湖画舫船模一万余艘，取得了良好的经济效益。同时，他先后获得了浙江旅游商品大赛金奖、中国国际旅游商品博览会金奖等。如今，红船船模已成为嘉兴旅游的标志性纪念品，实现了文旅融合发展，为促进乡村经济振兴作出了卓越的贡献。

一、要素分解

（一）物质要素

水网密布的地理环境

嘉兴位于长江三角洲南翼、杭嘉湖平原腹地。它头枕京杭大运河，境内水网稠密，还拥有长达121公里的海岸线。隋大业六年（610），隋炀帝对江南河进行重浚加宽，全长800多里，嘉兴造船业随之发达。光绪《嘉兴府志》记载："嘉兴，泽国也。左杭右苏，负海控江，土膏沃饶，风俗淳秀。"嘉兴城作为长三角水利与航运枢纽的地位未曾改变。八大水系以嘉兴城为中心，呈放射状沟通东西南北。南湖面积800余亩，由运河各渠汇流而成，上承长水塘和海盐塘，下泄于平湖塘和长纤塘，四周地势低平，河港纵横。水网密布的地理环境催生了以船为交通工具的出行方式。

（二）精神要素

1. 永不褪色的红船精神

"革命声传画舫中，诞生共党庆工农。"中共一大在南湖召开，赋予了这艘红船特殊的意义。红船所代表和昭示的是时代高度，是发展方向，是奋进明灯，是铸就在中华儿女心中永不褪色的精神丰碑。2005年6月21日，时任浙江省委书记习近平在《光明日报》上发表了《弘扬"红船精神"走在时代前列》的署名文章。文章系统阐述了"红船精神"的历史及现实意义，将"红船精神"概括为"开天辟地、敢为人先的首创精神，坚定理想、百折不挠的奋斗精神，立党为公、忠诚为民的奉献精神"。在风云激荡的20世纪上半叶，"红船精神"成为南湖画舫技艺的核心精神内涵之一。

2. 精益求精的匠人精神

南湖画舫的工匠敬业、专注、创新，对自己的作品精益求精。因为对制作画舫的敬畏和热爱，每一个工匠都兢兢业业、尽职尽责。他们不管在多紧张的时间下都能准时交货，并认真对待每一件发出去的商品。专注是工匠内心笃定而着眼于细节的耐心、执着、坚持的精神。他们几十年如一日地坚持，在每一个产品上不断积累优势，最终在画舫制作领域成为"领头羊"。嘉兴制船技艺曾一度衰落，在新中国成立后，逐渐兴起。在代代传承中，韩鸣华摸索出从制船转向制作船模的新方向，从而开启了南湖画舫制作技艺的新篇章。

（三）制度要素

严谨、复杂的制作环节

画舫的制作过程复杂，从开始制作到船下水使用主要有以下环节：

选择木料。木料主要选用浮力好、耐腐蚀的杉木。工匠挑选最好的直木料作为定心板，再根据船形选择不同弧度的杉木板作旁板。

做定心板。造一只船第一步是做定心板，定心板如同地基，非常重要。

做旁板。旁板如同房子的墙壁，造船师傅根据船只的形状大小，选用弯度合适的木板，经过加工后安装在定心板的两侧。旁板造好后，一艘船的外形基本定形。

安装船头、船艄。船头被称作"利市头"，需选吉日良辰安装。

验缝。工匠用油灰、麻丝捻缝，确保木船在河里不漏水。这个环节最考验造船师的手艺。

搭船棚、船楼。船楼分前舱、中舱、后舱，一般用杉木制作，也可用柏树、黄桦、红木等。

抹桐油、涂油漆。在船身上抹上桐油，防止水浸入木板。船棚、船楼上还需涂油漆。

船落水。船离开造船基地前的最

后一个隆重的环节是船落水,船主要祭祖,大办酒席庆贺,船下水后需放鞭炮。拜菩萨。船落水后,船主需准备猪头、鱼肉、香烛、纸钱等物品到庙里祈福。

二、核心基因提取与评价

基于对材料的全面、深入分析，得出本文化元素的核心基因："永不褪色的红船精神""精益求精的匠人精神""严谨、复杂的制作环节"。

南湖画舫制作技艺核心文化基因评价依据

评价项目	评价因子	评价依据（特点）	是否
生命力评价	文化基因存续的时间	自出现起延续至今，未曾明显中断	
		自出现起延续至今，但多次衰微、中断后复兴	√
		曾明显衰败，改革开放后开始复兴或历史溯源关键环节缺失，难以考证	
		文化形态主体已灭失，现存部分痕迹	
	文化基因的稳定性	在发展过程中保持相当稳定的状态	√
		在发展过程中存在明显的精神内涵、表现形式剧变	
凝聚力评价	文化基因的凝聚力及社会动员效果	曾广泛凝聚起区域群体的力量，显著推动过社会经济文化的发展	√
		曾部分凝聚起区域群体力量，对社会经济文化的发展产生过影响	
		凝聚过力量，创造过实际的发展动能，但未见对社会经济文化发展产生显著改变	
		仅在历史文献或口耳相传中存在，未见实际介入社会经济发展	

续表

评价项目	评价因子	评价依据（特点）	是否
影响力评价	辐射的范围	具有全国性、世界性的影响力	√
		具有长三角区域、浙江省影响力	
		具有市县、乡镇影响力	
	提炼的高度	已经被古代文人士大夫和当代学者提炼为精神符号和理念理论	√
		单纯的样式、造型、工艺技术规范	
发展力评价	与当代精神追求和价值观念的契合	传统文化基因得到创造性转化、创新性发展；区域革命文化基因被完整继承、广泛弘扬；区域社会主义先进文化基因成为与浙江"三个地"相适应的文化高地	√
		部分转化、部分弘扬、部分发展	
		难以转化、难以弘扬、难以发展	

说明：基因特点评价是对解码出来的基因，根据本《导则》表2的要求，围绕"四个力"逐一对表打"√"，进行定性表述

（一）生命力评价

南湖画舫制作技艺核心文化基因"永不褪色的红船精神""精益求精的匠人精神""严谨、复杂的制作环节"自出现起多次衰微、中断后复兴，在发展过程中保持稳定的状态。江南水乡嘉兴自古便是一座离不开船的城市。嘉兴的造船工艺到元代已有相当的规模和水平，至明代，南湖湖面上已是画舫云集。清代有《虹桥画舫图》，董必武的诗中也曾提及画舫。20世纪30至40年代，因经济凋敝，大多数船厂转产或关闭，造船工匠纷纷转行或失业。新中国成立后，韩鸣华将画舫制作技艺运用到船模制作中，在制作实体船的同时生产船模，作为嘉兴特色旅游商品，取得了成功。他还在南湖区凤桥镇梅花洲景区设立作坊，以此带动画舫制作技艺的保护、传承与发展，取得了良好的经济效益和社会效益。

（二）凝聚力评价

"永不褪色的红船精神""精益求精的匠人精神""严谨、复杂的制作环节"曾广泛凝聚起区域群体的力量，显著推动过社会经济文化的发展。为了弘扬南湖画舫文化，传承传统制作技艺，韩鸣华一直致力于画舫文化的传播。韩鸣华于2007年、2015年分别为浙江省委党校、中央党校制造南湖红船。他制造的画舫及船模曾先后获得过2009中国旅游商品大赛金奖、2011年南湖区红色旅游商品创新设计一等奖、2012年嘉兴市旅游商品金奖、2013年浙江旅游商品大赛金奖等。2013年，他制作的2.18米的红船模型被国家首都博物馆收藏。三大核心基因分别从不同的方面凝聚了区域群体力量，促进了南湖画舫制作技艺的传承和发展。

（三）影响力评价

"永不褪色的红船精神""精益求精的匠人精神""严谨、复杂的制作环节"具有全国性、世界性的影响力，已经被现当代学者提炼为精神符号和理念理论。南湖画舫制作技艺过去以师徒相传或家族传承为主，现在则以企业岗位技能培训为主要传承方式。嘉兴市区原有嘉兴市航运总公司造船厂、嘉兴市造船二厂等大小造船厂30余家，生产内河航运和农用木船及画舫，产品销往全国各地。目前，南湖画舫制作技艺代表性传承群体和生产企业主要集中在嘉兴市南湖区余新镇，有大小企业数十家。主要生产企业有嘉兴市南湖区余新镇宇舟船模制作厂和嘉兴市鸣华船模制作有限公司。嘉兴市南湖区余新镇宇舟船模制作厂由韩鸣华于2015年创办，是一家以经营南湖画舫及各类水上船只模型工艺品为主的生产型企业。历年来，该企业生产各类船只及画舫船模20多万艘，为传承南湖画舫制作技艺、打造和挖掘运河文化作出了卓越贡献。为了将这项宝贵的传统工艺传承下去，韩鸣华每年投入专项经费用于收集整理文字和实物资料、开展传承活动、研发新产品、参展参赛、培养传承人等。如今，韩鸣华拥有一支传承人队伍和专业制作技术骨干力量，在职业学校也建立了教学传承基地。他有520平方米的展示和活动场地，可以用于制作南湖画舫和开展南湖画舫制作技艺的传播和体验等。

（四）发展力评价

"永不褪色的红船精神""精益求精的匠人精神""严谨、复杂的制作环节"与当代精神追求和价值观念契合，具有创造性转化、创新性发展的潜力。自 2016 年南湖画舫制作技艺被列入浙江省非遗代表性项目名录以来，韩鸣华认真贯彻落实"八个一"保护措施，建立了专门的保护传承队伍，指定专人负责资料整理和归档工作，初步建立起较为丰富的文字、影像、图纸资料库和档案库。韩鸣华充分挖掘嘉兴丰富的运河文化，收集整理南湖画舫制作技艺资料，开发生产 20 个水乡船模新品种，将平面的图形描述立体化、具体化。他配合当地政府建立嘉兴船文化博物馆，并在南湖非遗馆中为南湖画舫制作技艺单设展示区。2018 年，韩鸣华被评为第五批浙江省非物质文化遗产代表性项目代表性传承人。他积极参展参赛，提升技艺水平，在建党八十周年庆典中为中央电视台心连心艺术团演出制作大型南湖船模，仿造完成明代李日华的"雪舫"。南湖画舫制作技艺具有很大的发展潜力和市场前景。

三、核心基因保存

"永不褪色的红船精神""精益求精的匠人精神""严谨、复杂的制作环节"作为南湖画舫制作技艺的核心基因,有《画舫制作技艺申报书》《南湖画舫制作技艺申报书》《南湖红船——新中国美术作品中的中共一大会址及党的形象》《重修嘉兴路总管府碑记》等文字资料,保存于嘉兴市南湖区文化基因解码调查组资料库中。古籍有《古禾杂识》等。

嘉兴南湖菱

嘉禾南湖　南湖文化基因

嘉兴南湖菱

嘉兴南湖菱是嘉兴的著名特产，又名青菱、元菱，因产于南湖烟雨楼前的荷花池而得名，是菱中罕见的珍品。嘉兴南湖菱壳薄、质白、肉嫩、汁多，味道鲜美。一般来说菱都有角，故称"菱角"，寓意"棱角分明""锋芒毕露"。然而嘉兴的南湖菱却是圆角的，其皮色翠绿，两只圆角微微翘起，像一只刚刚煮熟的馄饨，所以它还被称作"馄饨菱"或"元宝菱"。

南湖菱在清朝时被列为贡品，相传乾隆皇帝南巡江南，曾多次到南湖烟雨楼，在楼前荷花池摘食南湖菱后赞不绝口，写下了"夏中让彼泛锦芰"（芰为菱之称）的诗句。据传，南湖菱不长角也和乾隆有关。乾隆一边饱览南湖旖旎风光，一边津津有味品尝着南湖菱，不料菱的尖角刺破了他的嘴唇。他不禁喊道："小青菱无刺角岂不美哉！"金口一开，第二年南湖菱果真变成圆角无刺的了。这虽为传说，却给人们品尝南湖无角菱平添了几分乐趣。

事实上，南湖菱不长角与其生长环境有密切关系。南湖地处长江和钱塘江之间，背靠太湖，面朝大海，大运河带来的北方河水也在此汇聚。在多种水质因素的影响下，南湖菱萼冠之间的胶质层松软，开花时容易脱落，而在其他地方，一般情况下萼冠不会脱落，最终形成菱角。

南湖菱拥有悠久的历史，早在5000年前就已经存在了。文物考古部门发掘的资料显示，嘉兴市马家浜新石器时代遗址中出土的一只圆角菱，与嘉兴南湖菱相仿。经碳-14测定，这个圆角菱已有约6000年的历史，证明了嘉兴是南湖菱的原产地。

在嘉兴，南湖菱种植曾一度兴旺。据考查，20世纪30年代，南湖菱种植面积逾4000亩，平均每亩产量在1500斤左右。

南湖菱生熟皆可食。生食可选色翠而鲜嫩的菱，尤其刚出水时口味更佳。熟食则选色黄褐之老菱，洗净后煮食，口味香甜浓郁，肉糯可口。爱吃风菱的人可选黑色乌菱，洗净后在风中晾干，然后剥食菱肉，此时肉质坚硬，但香味奇特，味美可口。

如今，南湖由原来的生产水域转变为旅游水域，而在嘉兴周边水域以及我国江汉平原等地甚至在日本均已有同类产品的种植。为保证南湖菱产业健康发展，南湖区出台了相关政策鼓励农户种植南湖菱。在政策引导下，南湖区发展了300多户渔民种植南湖菱，并成立了两个南湖菱专业合作社，由蔬菜单位对其进行深加工。除做好南湖菱的生产开发工作外，南湖区还积极争取国家质检总局对嘉兴南湖菱实施地理标志产品保护，现已获得"嘉兴南湖菱"地理标志证明商标的注册。

一、要素分解

（一）物质要素
风景秀丽、水质独特的嘉兴南湖

南湖菱生长在浙江三大名湖之一的南湖。南湖风景秀丽，历史悠久，"轻烟拂渚、微风欲来、菱香四溢"。同时，南湖独特的混合型水质成为菱不长角的主要原因。南湖地处长江和钱塘江之间，背靠太湖，面朝大海，同时有大运河带来的北方河水。在水质混杂的环境中，菱的萼冠在开花时容易脱落而成为无角菱。

（二）精神要素
希望孩子聪明伶俐的美好心愿

南湖菱是嘉兴著名特产，嘉兴的菱外形特别像元宝，摇起来里面的肉和壳碰撞，还有声音。而"菱"和"灵""伶"同音，以往嘉兴小孩出生时都要佩戴，寄托着长辈的祝福，他们希望孩子能够拥有灵巧、灵秀、灵慧、聪明伶俐等美好的品质。

（三）制度要素
1. 丰富多样的烹饪手法

在嘉兴南湖地区的农家菜中，以南湖无角菱为主料的菜品丰富多样，令来往游客大饱口福。其中比较典型的有菱烧豆腐、葱爆南湖菱、蟹粉白玉南湖菱、菱烧排骨等。菱烧豆腐是将菱的清香融入豆腐中，豆腐绵软，菱肉酥糯，别有风味；葱爆南湖菱虽比较家常，但青白分明，吃起来香糯可口，色味俱佳，让人回味良久；蟹粉白玉南湖菱中的菱肉雪白，蟹粉金黄，口味咸鲜，令人回味无穷；菱烧排骨则是肉香扑鼻，让人胃口大开。

2. 兼具食用和药用价值

据测定，菱肉中含淀粉24%、脂肪1%、蛋白质7.2%，还有其他微量元素。新鲜的菱角可作水果吃，也可煮熟作闲食，还可加工制糕点、酿酒、酿醋和制糖磨粉。菱角还是一味良药，其果肉、茎叶、果柄、果皮均可入药。清代名医王士雄在《随息居饮食谱》中说："（菱）熟者甘平，充饥代谷。亦可澄粉，补气厚肠胃。"明代李时珍《本草纲目》称菱角"解暑，解伤寒积热，止消渴，解酒毒"。据《食疗本草》载，菱入药解酒毒、利尿通乳。将菱肉粉碎，加水滤出澄粉，食之有补中益年功效；菱茎炒食不仅清香可口，还可防治胃溃疡、治头面疮毒、醒酒，也利于食欲不振者。中医认为，菱角性味甘凉，无毒，生食清暑解热，除烦止渴，熟食益气健脾，利尿通乳。

3. 狭窄的生长分布范围

南湖菱分布范围狭窄，明代李日华《紫桃轩杂缀》载：以南湖为中心的水域，"此物（指南湖菱）东不至魏塘（嘉善）、西不逾陡门（桐乡）、南不及半路（海盐）、北不过平望（吴江），周遮止百里内耳"。1935年《浙江青年》第一卷第九期载："南湖菱，形圆无角，扁似馄饨。其他各地均无出产。"

（四）语言和象征符号
独一无二的无角菱形象

南湖菱，因它的角是圆的，便被称作"无角菱""和尚菱"。又因浅绿色的外衣，形圆无角，两只圆角微微翘起，像一只刚刚煮熟的馄饨，于是它还被叫作"馄饨菱""元宝菱"。有趣的是，清代末年有个江苏南通人叫张季直，曾把菱种植到南湖百里之外的地方，谁知第二年就有角了。时至今日，无角菱依然定居在南湖方圆百里之内，真可谓"一方水土养一方菱"。

二、核心基因提取与评价

基于对材料的全面、深入分析，得出本文化元素的核心基因："风景秀丽、水质独特的嘉兴南湖""独一无二的无角菱形象""狭窄的生长分布范围"。

嘉兴南湖菱核心文化基因评价依据

评价项目	评价因子	评价依据（特点）	是否
生命力评价	文化基因存续的时间	自出现起延续至今，未曾明显中断	√
		自出现起延续至今，但多次衰微、中断后复兴	
		曾明显衰败，改革开放后开始复兴或历史溯源关键环节缺失，难以考证	
		文化形态主体已灭失，现存部分痕迹	
	文化基因的稳定性	在发展过程中保持相当稳定的状态	√
		在发展过程中存在明显的精神内涵、表现形式剧变	
凝聚力评价	文化基因的凝聚力及社会动员效果	曾广泛凝聚起区域群体的力量，显著推动过社会经济文化的发展	
		曾部分凝聚起区域群体力量，对社会经济文化的发展产生过影响	√
		凝聚过力量，创造过实际的发展动能，但未见社会经济文化发展产生显著改变	
		仅在历史文献或口耳相传中存在，未见实际介入社会经济发展	

续表

评价项目	评价因子	评价依据（特点）	是否
影响力评价	辐射的范围	具有全国性、世界性的影响力	
		具有长三角区域、浙江省影响力	√
		具有市县、乡镇影响力	
	提炼的高度	已经被古代文人士大夫和当代学者提炼为精神符号和理念理论	
		单纯的样式、造型、工艺技术规范	√
发展力评价	与当代精神追求和价值观念的契合	传统文化基因得到创造性转化、创新性发展；区域革命文化基因被完整继承、广泛弘扬；区域社会主义先进文化基因成为与浙江"三个地"相适应的文化高地	√
		部分转化、部分弘扬、部分发展	
		难以转化、难以弘扬、难以发展	

说明：基因特点评价是对解码出来的基因，根据本《导则》表2的要求，围绕"四个力"逐一对表打"√"，进行定性表述

（一）生命力评价

嘉兴市马家浜新石器时代遗址中出土的一只圆角菱证明了南湖菱原产于嘉兴，而且已有约6000年的历史。在没有文字传承的史前时代，菱的食用历史或许会更久。古代文献中对南湖菱多有记载。宋代范成大在《吴郡志》中这样写道："近世又有馄饨菱者最甘香，在腰菱之上。"李日华在《紫桃轩杂缀》里记载过南湖菱的分布范围。因此，南湖菱的核心基因"风景秀丽、水质独特的嘉兴南湖""独一无二的无角菱形象""狭窄的生长分布范围"自出现起延续至今，未曾明显中断，在发展过程中保持相当稳定的状态。

（二）凝聚力评价

嘉兴南湖菱因其地处南湖而得名，又因其"形似元宝，圆

而无角"被称为无角菱,是嘉兴的名产,是菱中的罕见珍品。1956年前,菱种植发展迅猛,在非常时期曾代粮度荒。如今,南湖由原来的生产水域转变为旅游水域,而在嘉兴周边水域以及我国江汉平原等地甚至在日本均已有同类产品的种植,南湖区仅有部分乡镇农户零星种植。为保证南湖菱产业健康发展,南湖区出台了相关政策鼓励农户种植南湖菱。在政策引导下,南湖区发展了300多户渔民种植南湖菱,面积由2008年的40公顷,扩展到2009年的255.6公顷,成立了两个南湖菱专业合作社,由蔬菜单位对其进行深加工。除做好南湖菱的生产开发工作外,南湖区还积极争取国家对嘉兴南湖菱实施地理标志产品保护,现已获得"嘉兴南湖菱"地理标志证明商标的注册。因此,南湖菱的核心基因曾部分凝聚起区域群体力量,对社会经济文化的发展产生过影响。

(三)影响力评价

南湖菱因其独特的形状,鲜美的味道,以及丰富的营养价值,在清朝时曾被列为贡品。据说,当年乾隆皇帝下江南时曾品尝过南湖菱。经过漫长的历史变迁,南湖菱成为南湖地区新一代产业经济发展的增长点。南湖菱文化也为打造南湖旅游品牌奠定了良好的基础。如今,作为南湖菱的核心基因,"风景秀丽、水质独特的嘉兴南湖""独一无二的无角菱形象""狭窄的生长分布范围"在长三角区域、浙江省形成了影响力。

(四)发展力评价

南湖无角菱皮薄肉多,清香可口,质地优良,被誉为"菱中佳品",与烟雨朦胧的南湖相得益彰。嘉兴南湖也因中共"一大"在这里顺利闭幕而备受世人瞩目,成为我国近代史上最重要的革命纪念地之一。近几年来,各级党委和政府十分重视红色旅游发展,红色旅游投入不断增加,革命传统教育活动日益深化。在旅游业快速发展的环境下,南湖景区建设加快推进,游客人数较快增长,社会参与初显成效。一批企业围绕着红色旅游的主题开展了不少活动,将许多红色旅游的产业化项目投入使用,带动了许多旅游相关产业的发展,比如酒店、餐饮等,不仅促进了南湖菱产业的发展,更为嘉兴整个经济发展提供了一个新的亮点。因此，南湖菱的核心基因"风景秀丽、水质独特的嘉兴南湖""独一无二的无角菱形象""狭窄的生长分布范围"与当代精神追求和价值观念相契合，得到了创造性转化、创新性发展。

三、核心基因保存

"风景秀丽、水质独特的嘉兴南湖""独一无二的无角菱形象""狭窄的生长分布范围"作为嘉兴南湖菱的核心基因,有《秋色入菱湖》等11项文字资料、《南湖无角菱》等21项图片资料,保存于嘉兴市南湖区文化基因解码调查组资料库中。实物资料南湖无角菱位于南湖区菱塘。

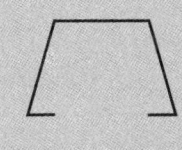

朱生豪故居

嘉禾南湖　南湖文化基因

朱生豪故居

朱生豪，著名莎剧译者，出生于浙江嘉兴。被誉为"词学宗师"的夏承焘先生曾在《天风阁学词日记》中评价自己的学生朱生豪：聪明才力……不当以学生视之……闻英文甚深……恐无此不易之才也。

1912年，朱生豪出生于浙江嘉兴鸳鸯湖畔一个破落的商人家庭。1922年，父亲陆润开办的布店和袜厂先后倒闭，家庭生活拮据。不久后，母亲朱佩霞病故。两年后，父亲也病逝了。朱氏三兄弟由叔祖母和曹家姑妈抚养。

父母双亡的不幸遭遇和寄人篱下的寂寞生活，使朱生豪过早领略了世间的冷暖悲欢。家道的迅速衰败，又使他承受了超负荷的精神困厄。他的体质也因此愈发羸弱，性格愈发沉郁了。可贵的是他并不自弃。腼腆寡言的朱生豪比起应付社交场合，更喜欢埋首于传统文学、国外经典。他九岁开始广泛阅读家中藏书，如《山海经图说》《三国演义》《聊斋志异》等。就读于嘉兴国民第一高级小学期间，朱生豪写的诗歌在黎锦晖先生主编的《小朋友》杂志上发表了。国文和英语成绩一直遥遥领先的他最终被高中校长破格保送至之江大学。

进入之江大学之后，朱生豪的阅读范围更加广泛，领会更加深刻，对诗歌的特殊爱好也表现得更加明显。朱生豪的妻子宋清如在1983年8月所写的回忆文章中说："他对各门课程，往往不满足于教材的概略介绍，而是在可能的范围内，研读了原著，统摄全豹，旁征博引，辨察精微。在古代诗文中，他深爱李白之逸，长吉之鬼，义山之丽。特别对渊明之淡泊高远，尤为向往。这也许跟他的性格不无关系。但是对他影响最大、感染力最强的，主要还是许多英国诗人，其中雪莱、济慈、拜伦等那些热情奔放、追求自由、渴望光明的篇章，深深地激起了他的共鸣，从而充实了意境，丰富了思想，开拓了眼界。"多年的阅读为朱生豪埋下了深厚的文学底蕴。自认识宋清如以后，他内心爆发出了炽烈的爱的火焰，一发不可收拾。

朱生豪与莎翁结缘，始于战乱之时。彼时的中国饱受列强倾轧，民族文化遭到严重破坏，民族尊严更是被践踏在纷飞的炮火之下。面对此情此景，一介文人何以为刃？在当时的朱生豪心中，译莎工作不仅仅是"翻译"，更是为中华民族争气、为时局动荡的祖国争光的伟大事业。悲愤交加的朱生豪决心通过引译莎士比亚的作品重扬民族之魂。战火纷飞的岁月里，他的译稿曾两度被毁，在1922—1932年间，37部莎剧，朱生豪先生翻译了31部半，在《亨利五世》尚未完稿之际，他因劳累过度与世长辞。困窘的生活，羸弱的身体，动荡的世道，都没能动摇他的拳拳赤子心，十年译莎路，朱先生走得艰辛却坚定。

他的翻译以"保持原作之神韵，传达原文之意趣"为宗旨，充分体现了"信达雅"的翻译原则，他以散文体为主的译作中，充满了诗韵与趣味，为国内外读者和学界所推崇。

"朱生豪先生是引领我走进莎士比亚艺术殿堂的第一人。和我一样，太多太多的人都是由他领进门的。他的散文体《莎士比亚全集》译笔流畅典雅，文句朗朗上口，善于保持原作的神韵，传递莎剧的气派，给我们的内心留下酣畅淋漓的记忆。"浙江莎士比亚研究学会会长洪忠煌曾这样评价朱生豪译本的价值。人民文学出版社2010年版《莎士比亚全集》前言中这样表达对朱生豪的敬意："他付出了毕生的精力，终竟成为播莎翁文明之火的普罗米修斯，成为译莎事业的英雄和圣徒。"

著名莎士比亚原著翻译家朱生豪在嘉兴的故居，位于嘉兴市南湖区禾兴南路73号。故居建于民国时期，2006年重修，2007年正式免费对外开放。故居由五开间二层正屋、南北厢房及前后院组成，占地面积300平方米，通面阔19.63米，通进深21.14米。临街为石库门，正屋坐东朝西，砖木结构，抬梁式，硬山顶，前有落地长窗。除格扇裙板略有雕饰外，其余木构件皆为素面。朱生豪呕心沥血翻译莎士比亚全集的事迹，在嘉兴家喻户晓，他自强不息的精神更是乡土教育的典范，其故居对于研究和纪念朱生豪有很高的历史价值。1992年，朱生豪故居被公布为嘉兴市级文物保护单位。

一、要素分解

（一）物质要素

1. 闹中取静的朱生豪故居

朱生豪故居是嘉兴市文物保护单位，2006年8月至2007年2月由市城投集团出资落架大修，2007年11月对外开放。故居整体为砖木结构，地处繁华地段却又闹中取静，门口植有高洁的广玉兰树，树影婆娑，在白墙青瓦间浮动。"鸟鸣山更幽"，周围偶尔传来的阵阵鸟鸣，让本就掩映绿植中的故居更显清幽，人的心不由得跟着安静了下来。

2. 精雕细琢的戏剧美学

在其《译者自序》中，朱先生写道："余译此书之宗旨，第一在求于最大可能之范围内，保持原作之神韵；必不得已而求其次，亦必以明白晓畅之字句，忠实传达原文之意趣；而于逐字逐句对照式之硬译，则未敢赞同。凡遇原文中与中国语法不合之处，往往再四咀嚼，不惜全部更易原文之结构，务使作者之命意豁然呈露，不为晦涩之字句所掩蔽。"由此可见，朱生豪在翻译过程中，不为句法所拘，多次打破原文结构，按照译入语法进行重组，孜孜所求的正是最大限度还原莎翁本意，再现原文风韵。在此基础之上，朱生豪同样也将读者的感受纳入自己的翻译标准，对自己的翻译评判，他从不仅仅满足于"信达"二字。莎剧作为剧本，必将受到舞台的检验。而译本是否雅致得体，是否具有审美意趣，很大程度上会影响到戏剧美学价值的传递。在翻译过程中，朱先生每译完一段，"必先自拟为读者"，细细审读自己的译本是否有语意模糊，表述不清之误；"又必自拟为舞台上之演员"，试读译文是否语调顺口，音节调和。朱生豪不仅细细思量了莎剧的文本美学价值，也没有忽视其作为戏剧台本的实用价值。

3.传统美学中的"神韵说"

我国传统翻译话语和传统文化紧密相连，建立在传统诗学下的哲学、美学基础上。在我国古代美学中，"神韵"是重要范畴之一，属于理性化的艺术境界，有着独特的艺术风格、艺术境界。"神韵说"最早出现在绘画评论方面，而艺术、文学二者联系紧密，"神韵说"便不断出现在文学创作、评论等方面，委曲含蓄、耐人寻味是"神韵说"在文学方面的客观呈现，利于读者获取更加丰富的审美体验。同时，创作者的悟性、灵感是"神韵说"在文学方面的关键所在，对译者有着相同的要求。在我国翻译理论方面，茅盾是引入"神韵说"的第一人，还提出了全新的文学翻译批判主张，注重"神韵""形貌"二者间辩证统一关系，对新时期译论领域有着深远的影响。在"神韵说"方面，我国古典诗歌翻译后的韵文极具代表性，也就是朱生豪译莎作品中的中国古诗，极易引起读者强烈共鸣感，深受各层次读者喜爱，已广为流传。

（二）精神要素

1.忧国忧民的爱国精神

与其他翻译莎士比亚戏剧的译者相比，朱生豪翻译思想有其崇高之处。孙大雨在翻译莎剧时多从文化和文学价值的角度出发考量，认为莎士比亚的作品是"与日月争辉的伟构""以伟大而言，就在这位诗之至尊至圣的全集中，也得推这部动天地泣鬼神的杰作为第一"（《黎琊王》）。而梁实秋翻译莎士比亚作品的动力则来自朋友季淑的支持和父亲的鼓励，是一种文化的使命感，与爱国主义并无直接关系。因为在抗战时期，梁实秋主要生活在陪都重庆，对日本侵略者缺乏直接的接触。他的译稿在战前就已经出版了，而朱生豪在战时居住在沦陷区，他的译稿曾两次毁于日军的炮火，他对侵略者的仇恨和对国家民族的热爱有着更深的感触。虽然朱生豪拥有一颗爱国的赤子之心，却很少将这种人们常常提起的爱国思想挂在嘴边，在与宋清如的信件中也是着笔不多，一笔带过。这也应了他自己的话，爱国不是空喊口号，而是每个人的事业，爱国就要有实际行动。注尽心力于莎剧翻译就是朱先生爱国的事业，他就是在用这样的实际行动，抛洒着一腔爱国热血，以手中的笔为武器抵抗日本侵略，为近代中国的文化崛起事业而奋斗。"他的才学固然令人钦佩，但价值更高的，是他的精神。"洪忠煌评价，"尤其是，他那种一定为民族争一口气的志向和勇气，那种传播人类最宝贵精神财富的神圣使命感，对于今天被物质和私欲严重侵蚀的中国知识界，如同洪钟大吕，振聋发聩。"

2.认真严谨的工作态度

朱生豪常在信件中描写自己在翻译中遇到的问题，或斟酌用词，或思虑修辞，或考量原作，或对比译文。每当认为自己翻译得好、准确，朱生豪都要抒发一番心中的喜悦；当遇到难译的地方，又可见其面对原文抓耳挠腮之状；若是发现其他译者译得好或不好的地方，也要好好在信中赞赏或批评一番。可见于朱生豪而言，莎剧的翻译工作是关乎国家的大事，他时时上心于民族大业，兢兢业业，一丝不苟，他翻译之认真谨慎，也是他对待民族事业之热忱。

（三）制度要素
传统的院落式建筑风格

朱生豪故居位于嘉兴市南湖区禾兴南路73号，近代莎士比亚戏剧翻译家、诗人朱生豪，在此度过了童年与少年时光。1943年初，新婚后朱生豪携夫人宋清如返回老家居住，次年12月病逝于此。该建筑为具有浙北风格的传统民居，坐东朝西，现存两层的楼屋五间、南北偏屋各两间和东北侧的小偏房两间，东西有前后院，于2007年11月对外开放。

（四）语言和象征符号
自由独诣的莎译歌诗体

莎士比亚戏剧作品中，除诗歌、散文两体外，歌诗体也占了很大的比例。歌诗体，既不受格调所束，也不拘于声律，句式自由，挥洒自如，纵横开阔。莎士比亚常用歌诗体来描述人物的人生经历、情感遭遇，状写自然环境、洪涛巨澜，抒发丰富复杂、发自内心的真情，刻画淳朴清纯的人类共性与常情，如爱情、友谊、伤春、悲秋、思亲、怀旧以及生死哀乐。莎剧中的歌诗体可谓宕出一层新的境界，为莎剧增色不少。

因此，对于莎剧歌诗体的翻译，也需与翻译莎剧中的素诗体、散文体等量齐观。对这种莎剧歌诗体进行美学审视的出发点应是：它是诗，又不是诗。它不仅供阅读，又可资诵歌，因此必须具有抒情性和音乐性，才是两者皆有的双美之作。朱生豪的译文用词洗练、音调悦耳，语言质朴、情感深刻，能用充满诗意的散文化的语言，饱满而极富张力地表达原文所需的情感。他的译文文字流畅，声韵和谐，读起来抑扬悦耳、声调悠扬、朗朗上口，散文诗化的语言生动而充满激情地再现了原文的美。

二、核心基因提取与评价

基于对材料的全面、深入分析，得出本文化元素的核心基因："传统美学中的'神韵说'""忧国忧民的爱国精神""认真严谨的工作态度"。

朱生豪故居核心文化基因评价依据

评价项目	评价因子	评价依据（特点）	是否
生命力评价	文化基因存续的时间	自出现起延续至今，未曾明显中断	√
		自出现起延续至今，但多次衰微、中断后复兴	
		曾明显衰败，改革开放后开始复兴或历史溯源关键环节缺失，难以考证	
		文化形态主体已灭失，现存部分痕迹	
	文化基因的稳定性	在发展过程中保持相当稳定的状态	√
		在发展过程中存在明显的精神内涵、表现形式剧变	
凝聚力评价	文化基因的凝聚力及社会动员效果	曾广泛凝聚起区域群体的力量，显著推动过社会经济文化的发展	√
		曾部分凝聚起区域群体力量，对社会经济文化的发展产生过影响	
		凝聚过力量，创造过实际的发展动能，但未见对社会经济文化发展产生显著改变	
		仅在历史文献或口耳相传中存在，未见实际介入社会经济发展	

续表

评价项目	评价因子	评价依据（特点）	是否
影响力评价	辐射的范围	具有全国性、世界性的影响力	√
		具有长三角区域、浙江省影响力	
		具有市县、乡镇影响力	
	提炼的高度	已经被古代文人士大夫和当代学者提炼为精神符号和理念理论	√
		单纯的样式、造型、工艺技术规范	
发展力评价	与当代精神追求和价值观念的契合	传统文化基因得到创造性转化、创新性发展；区域革命文化基因被完整继承、广泛弘扬；区域社会主义先进文化基因成为与浙江"三个地"相适应的文化高地	√
		部分转化、部分弘扬、部分发展	
		难以转化、难以弘扬、难以发展	

说明：基因特点评价是对解码出来的基因，根据本《导则》表2的要求，围绕"四个力"逐一对表打"√"，进行定性表述

（一）生命力评价

朱生豪故居一楼前厅入口处有一尊朱生豪半身铜像，铜像定定地望着前方，仿佛朱先生未曾远去，一直在此等候后人前来瞻仰。厅内陈列的大多为朱生豪生前使用过的物件、发表过的文章及人物生平介绍信息……还有一封封写给宋清如的家信。二楼统共有三个房间，其一是朱生豪去世后宋清如母子住屋，其二是朱生豪夫妇后期主要起居室兼书房，最后一间则是朱生豪病重和去世时居住的房间。房间内陈设简朴，一床一柜一桌一椅，家具并不算多，宋清如的梳妆台和她从娘家搬运过来的几个红木箱子，算是屋内最"昂贵"的物件了。

1933年朱生豪离开杭州后，他与宋清如书信不断，才情卓绝的朱生豪常以书信寄托情思。"要是我死了，好友，请你亲手替我写一墓铭，因为我只爱你的那一手'孩子字'，不要

写在什么碑板上,请写在你的心上:'这里安眠着一个古怪的孤独的孩子。'你肯吗?"这是朱生豪第一次到宋清如家中拜访后回到上海写的万言长信中的一节。未出现直白的"我爱你",却字字皆情,行行呈爱。

幽静故居中的一系列陈设,延续着主人的生命力,人们在这里的一桌一椅中,仿佛看到朱生豪在这里生活的点滴,在置于窗边的书桌前,有朱先生投身于翻译工作的背影。而那些寄托情思的信件,更是有着不竭的生命力,经年之后,依然用细腻的文字和诚挚的情感,给后人以感念,给逝者以缅怀。

(二)凝聚力评价

作为中国译莎的第一人,朱生豪先生的成就是毋庸置疑的。透过朱生豪先生"神韵"为先、读者为上的翻译观,我们看到的是一个译者的殚精竭虑:"虽贫穷疾病,交相煎迫,而埋头伏案,握管不辍""毕生精力,殆已尽注于兹矣"。《译者自序》所道出的辛酸苦楚,读来字字血泪。朱生豪先生对于译莎这一事业,可称鞠躬尽瘁,死而后已。"倘因此集之出版,使此大诗人之作品,得以普及中国读者之间,则译者之劳力,庶几不为虚掷矣。"何等襟怀抱负!朱生豪肩负起在文化交流与传播方面的重大责任,为其贡献自己的力量,并为后来者树立了榜样,其精神富有极强的凝聚力。

(三)影响力评价

朱生豪的译本在国内出版数目众多,广受欢迎。自1947年上海世界书局首次出版《莎士比亚戏剧全集》至今,朱译莎剧以单行本、合译本、注释版等不同形式都有过出版发行。在1994—1995年间,包括上海世界书局、人民文学出版社、作家出版社在内的各大出版社印行《莎剧全集》三辑共两次,《莎剧集》十二卷共四次,《莎士比亚》十一卷和六卷版本至少印行八次。仅以其主译的人民文学出版社1978年《莎士比亚全集》为例,据不完全统计,其于20世纪八九十年代在中国重印9次,发行总量超过43万套,共计约300万册。

(四)发展力评价

朱生豪善于理解莎士比亚原文的文体特点,熟悉原文文体的风格。不仅如此，他还能够掌握和运用不同风格的语言知识和技巧，在英汉语言传译中适应原文的需要，使译文和原文的文体色彩相契合，同时与莎士比亚的个人风格相呼应。

朱生豪以其深厚的中英文化底蕴，独有的散文诗化的语言，成功地驾驭了莎剧中出现的各种文体，不仅确切地再现了莎剧的语体原貌，而且创造性地把汉语语言的美感提炼到了如诗如画的艺术境界。他的译文语言优美、文辞典雅，具有极强的艺术感染力，使读者获得了极妙的审美体验，这也是朱生豪译本能流传至今并经久不衰的原因所在。

三、核心基因保存

"传统美学中的'神韵说'""忧国忧民的爱国精神""认真严谨的工作态度"作为朱生豪的核心基因,有《朱生豪译莎成就与人文人才的培养》等11项文字资料,保存于嘉兴市南湖区文化基因解码调查组资料库中。朱生豪故居等实物资料保存于嘉兴市南湖区禾兴南路73号。

月河历史街区

嘉禾南湖　南湖文化基因

月河历史街区

"形状弯曲，抱城如月"的月河是京杭大运河嘉兴段的一条支流，两岸景色宜人、商业繁荣，形成了千百年来经久不衰的商贸、文化重地——月河历史街区。这一街区以古朴静谧的水乡建筑群、源远流长的运河史、富有地域特色的民俗和美食文化享誉国内，展现了浓厚的水乡古城风情，透射出旧时嘉兴"江南府城"的繁华气象。

月河历史街区的兴起和繁荣始于大运河的开通。据记载，嘉兴作为南宋时期首都临安的陪都，水运发达，经济昌盛。作为运河支流的月河集聚了一大批居民，还形成了猪廊下、烟作弄、任家弄等市集交易场所，后逐步发展为月河历史街区。明清时期，月河被称作月河埭，河边依水造房，条条石板街形成了古街旧弄，在河水的环绕下形成一片历史风貌景观。民国初年，街区商业历经短暂的衰落后复兴，居民集聚，来往之人络绎不绝，热闹非凡。在西方文明的影响下，月河历史街区出现了洋货店、商校等新的建筑类型。此后，战乱对街区建筑造成了一定程度的破坏。

新中国成立后，政府部门对嘉兴市历史建筑的保护和历史文脉的延续极为重视，在坚持原真性、可识别性、可逆性和修旧如故的整修原则下，对月河历史街区进行了重修和整治。重修整治后的街区，以"三河三街"为基本空间组成，三河是指大运河、外月河、里月河，三街是指中基路（历史上称中街）、坛弄、秀水兜街。三河在月河历史街区东侧的北丽桥附近汇合，而三街由于紧邻运河和府城而成为繁华的商贸地带，其中的中基路是月河最初发展起来的核心路段，其历史最为久远。

街区建筑群采用了曲线形和随河道形两种不同的布局形式。街区整体上按规划建造，主交通流线、功能分区明确。在民居建筑布局基础上，街区按照单座建筑、庭院、单元、组群的顺序形成主次分明的平面布局。月河民居建筑以长方形平面布局最为普遍，大都采用均衡对称的方式，以庭院为单元，沿着纵轴线与横轴线进行设计，使主体建筑显得格外宏伟壮丽。

从远处观望，月河历史街区白墙青顶，周边饰以绿水翠竹，显示出清新淡雅的色调，在蒙蒙烟雨之中，独具江南风韵。现在的月河历史街区是集购物、游玩、花鸟市场等为一体的休闲娱乐仿古历史街区，也是嘉兴运河文化、民俗文化延续发展的重要载体。

一、要素分解

（一）物质要素

1. 水网如织的水乡环境

月河所在的杭嘉湖平原一带，自古湖泊星罗棋布，小桥流水比比皆是。京杭大运河沿月河历史街区南侧一穿而过，运河两岸灯火万家，官舫贾船穿梭不绝。月河历史街区以平行的"三河三街"为基本格局，京杭大运河、外月河、里月河三河基本平行又在北丽桥附近相汇，其空间布局极具特色；中基路、坛弄、秀水兜街三街由于紧邻运河和府城而成为繁华的商贸地带。为凸显江南水乡的灵秀气质，外月河、秀水兜等水系在区域内逶迤相连，并与古运河环通，12座造型古朴的石桥更添水乡韵味。水的灵气和"老房子"的厚重在这里得到完美结合。

2. 古朴庄严的明清建筑

月河两岸街巷的建筑古朴庄严，屋檐线条笔直，街巷的天空细细窄窄，好似"一线天"。二层楼房门面采用一门二吊窗的样式，门楣上饰以精美浮雕，窗棂以镂空花格装饰，两边房屋之门梁一侧为方木，一侧为圆木，以示阴阳合对，凹凸有致，建筑设计粗中藏细，紧凑整齐，充分展现江南水乡"枕河而居"的民居建筑文化。月河历史街区的民居整治修缮坚持原真性、可识别性、可逆性和修旧如故的原则，采用落架大修的方式，街区内的水泥路、沥青路复原为旧石板路，门、窗、墙体、屋顶等也符合街区风貌要求。清末民初时，月河街区的建筑总面积约8万平方米，集中了大量晚清时期的建筑群；民国时期，中基路就是嘉兴繁荣的商业区，曾有商铺、作坊数百家，民房稠密，有名望的当铺、茶馆、洋货店、商校、农具制造店随处可见。

3. 内容丰富的勤德文化园

勤德文化园曾经是江西会馆，如今致力于保护、展示、挖掘"非物质文化遗产"。文化园分东、西两园。西园以古戏台为中心，开展舞台表演和茶艺活动，分两层环绕式布局。入口门庭天井景观，设有瀑布、彩灯、鱼池和绿色植物，将自然景色、民俗文化结合得相映成趣。两层环绕的建筑将中间围合成一个院落，相当于现代的露天广场，供人们品茶、观戏。东园是非物质文化遗产作品、精品展示区，设有青瓷馆、国石馆、西泠印社书画馆、罗汉堂等精品展馆，展示的多为国家级工艺大师的力作，具有很高的艺术价值。东、西两园，物质与文化结合，动静有序，相得益彰。

4. 历史悠久的嘉禾水驿

嘉禾水驿于唐代就已设立，有舟马车船、兵丁役夫、驿监皂隶，负责传递文报、接送官员。现在的嘉禾水驿是仿过去样式重建的。在结构上采取木构抬梁式；在平面布局上，有门厅、耀华厅、驻节堂、礼宾轩、后房五个房。水驿，是以船为主要交通工具的驿站，一般设在运河流经的城市。因此，水驿也是运河文化的一种体现形式。

5. 规模化运作的高公升酱园

高公升酱园，创建于清乾隆年间，距今200多年，是当时家族式手工作坊的典型代表。酱园为前店后坊，自产自销。在立面布局上分为两层。一层布局主要有四个部分组成，从南至北分别为酱园经营区、酒工艺作坊、酱醋工艺作坊、腌工艺作坊。中间通过三个庭院的间隔连成一体，北边和中间的庭院作为晒场。酱园一楼的作坊真实还原了当时生产的场景，也反映了当时家族式手工作坊的规模。

（二）精神要素

"修旧如故"的建筑修复理念

"修旧如故"是"中国近代建筑

之父"梁思成先生古建筑保护理念的简练概括,早在1934年的《修理故宫景山万寿亭计划》一文中,梁先生就指出:"修理古物之原则……均宜仍旧,不事更新。其新补梁、柱、椽、檩、雀替、门窗、天花板等,所绘彩画,俱应仿古,使其与旧有者一致。"月河历史街区在整治修缮过程中,坚持原真性、可识别性、可逆性原则,采用重新改建的方式,保留了小河小桥纵横交错、小街小弄迂回曲折的特点和古朴的建筑物外形,从而集中重现了江南特有的水乡古城风貌。

(三)制度要素

1. 地域特色鲜明的饮食习俗

作为航行、商贸活动核心地带,嘉兴地区的美食文化在月河历史街区汇聚,其中典型的美食就有嘉兴粽子和清蒸白丝。汉唐以来,嘉兴发展成为中国历史上最主要的稻作区,有"天下粮仓"之称。以稻米为主要原料的嘉兴粽子,名满天下,以糯而不烂、肥而不腻、肉嫩味香、咸甜适中而著称。此外,嘉兴的水产资源特别丰富,其中白丝鱼肉质鲜美、营养丰富,在美食谱上占有一席之地。

2. 围绕航运、商业、聚居开展的空间布局

月河历史建筑群的空间布局是因运河发展需求而逐渐形成的。在整个建筑群的空间形态中,以满足运河的航运、商业、人口聚居三方面需求进行空间布局。运河的航运需要各类港口空间、船只停靠的各种级别的河埠头。月河河道形成宽窄有别、形式各异的河道以适应舟船航行和停泊的需求。商业的发展多以建筑团体的形式出现,建筑群以片区或线性街道的形式排布。月河历史街区的整体形态首先由三条河道划分成条形的地块,因此其间商铺沿街呈线性排列形式,以便交流、交易。人口聚居的需求和城市中有限的土地供给的矛盾使建筑群向高度和进深方面发展,宝贵的一层建筑空间可以作为商铺,其上的二、三层用来作为居住之用,其后的院落和房间也拓为舒适生活居住之所。

(四)语言和象征符号

粉墙黛瓦、绿水翠竹的江南建筑形象

月河有着清新雅淡的色调,白色粉墙、青灰瓦顶配以绿水翠竹,别有

一番风韵。外加优美的外观造型,坡面曲线的屋顶,远远伸出的房檐,在烟雨蒙蒙之际,典型的江南建筑形象呈现在人们眼前。

二、核心基因提取与评价

基于对材料的全面、深入分析，得出本文化元素的核心基因："'修旧如故'的建筑修复理念""围绕航运、商业、聚居开展的空间布局""粉墙黛瓦、绿水翠竹的江南建筑形象"。

月河历史街区核心文化基因评价依据

评价项目	评价因子	评价依据（特点）	是否
生命力评价	文化基因存续的时间	自出现起延续至今，未曾明显中断	√
		自出现起延续至今，但多次衰微、中断后复兴	
		曾明显衰败，改革开放后开始复兴或历史溯源关键环节缺失，难以考证	
		文化形态主体已灭失，现存部分痕迹	
	文化基因的稳定性	在发展过程中保持相当稳定的状态	√
		在发展过程中存在明显的精神内涵、表现形式剧变	
凝聚力评价	文化基因的凝聚力及社会动员效果	曾广泛凝聚起区域群体的力量，显著推动过社会经济文化的发展	√
		曾部分凝聚起区域群体力量，对社会经济文化的发展产生过影响	
		凝聚过力量，创造过实际的发展动能，但未见对社会经济文化发展产生显著改变	
		仅在历史文献或口耳相传中存在，未见实际介入社会经济发展	

续表

评价项目	评价因子	评价依据（特点）	是否
影响力评价	辐射的范围	具有全国性、世界性的影响力	
		具有长三角区域、浙江省影响力	√
		具有市县、乡镇影响力	
	提炼的高度	已经被古代文人士大夫和当代学者提炼为精神符号和理念理论	
		单纯的样式、造型、工艺技术规范	√
发展力评价	与当代精神追求和价值观念的契合	传统文化基因得到创造性转化、创新性发展；区域革命文化基因被完整继承、广泛弘扬；区域社会主义先进文化基因成为与浙江"三个地"相适应的文化高地	√
		部分转化、部分弘扬、部分发展	
		难以转化、难以弘扬、难以发展	

说明：基因特点评价是对解码出来的基因，根据本《导则》表2的要求，围绕"四个力"逐一对表打"√"，进行定性表述

（一）生命力评价

月河历史悠久，生命力蓬勃。早在南宋时期，嘉兴城作为首都临安（今杭州）外围城市，规模日益扩大，后人追记："……环城皆濠，四门水陆并通，七十五桥，三十六坊，纵横交错，舟车财货广阜。"当时四座城门均设水关，并在每座城门外筑月城，月城所临之水即名月河。

南宋时，嘉兴已成为繁荣的都市，北门月河一带商业兴盛，居民四附，形成市井。明清时期，月河街区达到全盛。"父老禾兴旧馆前，香粳熟后话丰年"，"青粉墙低望里遥，红泥亭子柳千条"，清初大诗人朱彝尊的这些诗句生动地描述了月河街市的景象。中街、殿基湾、小猪廊下、烟作弄、糕作弄、蒲鞋弄等这些旧街名，可以反映出商铺与民居相杂的特点。纵观月河历史街区，可见文化、经济活动一直延续至今，其核心基

因"'修旧如故'的建筑修复理念""围绕航运、商业、聚居开展的空间布局""粉墙黛瓦、绿水翠竹的江南建筑形象"自出现起延续至今,未曾明显中断,且在发展过程中保持相当稳定的状态。

(二)凝聚力评价

自古以来,月河街区就是大运河沿岸的繁华街市,官舫贾船穿梭不绝,两岸重脊飞檐,骑楼水阁,灯火万家。民国时期曾有商铺、作坊百余家。有了旧时繁荣商业的历史底蕴支撑,再加上运河的灵气、老屋的厚重,传统文化与现代商业在这里完美交融。中基路老字号街、月河传统美食街、小猪廊下风情街、花鸟市场、古玩市场、端午民俗文化体验馆、粽子文化博物馆集聚于此,月河历史街区逐渐变成了一个集娱乐、购物、休闲、餐饮、旅游于一体的大型历史街区,成为嘉兴市区现存最完整、规模最大、最能反映江南水乡居住和文化特色的区域。因此,其核心基因曾广泛凝聚起区域群体的力量,显著推动过社会经济文化的发展。

(三)影响力评价

月河历史街区在旧时是嘉兴工业、商贸、航运最为繁盛之地,现在依旧保留传统的民居依水造势,古街深巷迂回曲折、纵横交错的特点,小河、古桥、狭弄、旧民居、廊棚等展现了浓厚的水乡古城风情。以中基路为中心的街区交通便利,项目集娱乐、购物、休闲、餐饮、旅游于一体,众多百年老字号透射出旧时嘉兴"江南府城"的繁华。街区内,粽子、酱鸭、糕点、酥饼、茶馆一应俱全,琳琅满目。月河历史街区是嘉兴地区最具影响力的商业和文化中心,在省内具有极高的知名度和影响力。因此,其核心基因具有长三角区域、浙江省影响力。

(四)发展力评价

自南宋以来,月河以航运为立足点,成为嘉兴地区运输、经济、文化中心,积累了深厚的运河文化。如今,月河以运河文化为底蕴,"修旧如故",形成了庞大的江南建筑群,小巷小街迂回曲折,纵横交错,小河狭弄、旧民居等还原和展现了浓厚的水乡古城风貌。景区内汇聚了江西会馆、金鱼院、大昌当铺、嘉禾水驿、高公升酱园、财神堂等六大场馆。游客在月河历史街区可以边游览江南府城旧时风貌,边体会百年老字号的繁华。因此,其核心基因与当代精神追求和价值观念相契合,并得到了创造性转化、创新性发展。

三、核心基因保存

"'修旧如故'的建筑修复理念""围绕航运、商业、聚居开展的空间布局""粉墙黛瓦、绿水翠竹的江南建筑形象"作为月河历史街区的核心基因,有《大运河嘉兴段历史街区》等5项文字资料,保存于嘉兴市南湖区文化基因解码调查组资料库中。实物材料仿古建筑群位于月河历史街区内。

杉青闸遗址

嘉禾南湖 南湖文化基因

杉青闸遗址

杉青闸遗址位于嘉兴城北运河段，是嘉兴运河历史上重要的水利设施及管理机构之一，为运河入浙第一闸。当前，围绕杉青闸遗址分布有分水墩、秀城桥、秋泾桥、落帆亭等多处景点。

杉青闸是古代大运河上的著名水闸，亦称"杉青第一闸"。它是古代京杭运河上控制水流的重要设施，在管理船只、节制流速和灌溉农田方面有十分重要的作用。隋唐时期，它伴随着运河的开掘而设置，并由朝廷直接派官员管理，因此建有官署。杉青闸也是宋孝宗赵昚的诞生地。《宋史·孝宗纪》记载："建炎元年十月戊寅，生帝于秀州杉青闸之官舍。"《嘉兴市志》记载，因有杉青闸的存在，船至闸前便要落帆，是为内河与外河的一个分界处，遂在旁建了落帆亭。古时迎送官员友人，多在此处洗尘饯别。后来嘉兴一段运河淤塞，杉青闸废弃。

分水墩位于解放街道芦席汇旁，面积约为2850平方米。据地方志记载，此墩明清以前即有，是嘉兴古运河上的水利设施。它由开浚城河时留下的淤泥堆积而成。当运河西来之水与秀水东南来之水在此汇合后，其中一部分通过分水墩南的夹河流入，而大部分则随运河东流。这样运河之水大体保持平稳缓和状态，从而不会形成湍急的河道，保证了过往船只的安全。墩上有水天庵，始建于唐，清同治年间曾重修，2002年水天庵得到重新修葺，保存较好。

秀城桥位于南湖区解放街道芦席汇，跨秀水。它始建于明景泰元年（1450），于1944年12月重修。今存望柱7根，其中桥顶3根素面无雕饰，桥南北侧四座雕刻莲花。桥顶石栏板刻花草纹饰，桥额镌"重建秀城桥"，纪年不详。桥联北侧为"帝道遐昌，兴水利而济涉；皇口（路）巩固，乐民便以成梁"。南侧上联已风化，下联为"凭眺一濠，是号秀城之胜概"。秀城桥以傍城郭、跨秀水得名。秀水系运河支流。据旧志称："邑旧有秀水，世传间岁天和景明，则水漾五色，士子见多擢第美迁，常人亦获庆也。故邑因以名。"由此可见，秀城桥人文含量极为丰富，不只是一座桥而已。

秋泾桥位于南湖区解放街道闸前街东端，跨秋泾河，距运河410米。此桥原名迎春桥，数百年来为通向市郊塘汇的要道，是嘉兴市域现存的最高的单孔石拱桥，长58.9米，桥底宽4.75米，桥顶宽4.1米，跨径15.6米，拱矢高6米。拱券石分节砌筑，金刚墙错缝顺砌，桥上有石护栏板。桥顶尚存石狮望柱2根，东西侧分别有素面望柱3根和2根。秋泾桥始建年代不详。据县志记载，此桥于明崇祯十四年（1641）重建。清嘉庆十一年（1806），秋泾桥重修。抗日战争初期，中国军队曾据守此桥与日寇激战，桥上留有侵略者的弹痕。1981年10月，嘉兴市人民政府公布秋泾桥为市级文物保护单位。

落帆亭坐落在紧临运河西侧的南

湖区新嘉街道，原为杉青闸旁的一座亭子。运河上由苏州进嘉兴的帆船过闸必落帆，故称"落帆亭"。后以亭为中心建成一处园林，仍以落帆亭命名。由于经运河往来人员众多，此地当时是官吏和过闸客商重要的游憩之所。清光绪《嘉兴府志》有载："杉青闸，在县北五里，宋尝置吏，有廨宇及落帆亭。"

落帆亭始建年不详，地方志只记载宋神宗熙宁元年（1068）由吕温卿重建。"文化大革命"时期，落帆亭遭到严重破坏，荷花池被垫平筑路，房舍成为居民住宅，仅存部分假山和太白亭等旧迹。1981年，落帆亭被公布为嘉兴市第一批市级文物保护单位。1988年，地方政府重筑了落帆亭。重修后的落帆亭包括亭四座、大小假山两座，建筑占地总面积200平方米。2011年，落帆亭被浙江省人民政府公布为省级文物保护单位。

如今，这段古运河作为水利枢纽的实用功能早已退场，而作为千古积淀的审美文脉却始终绵延不断。这一带两岸是嘉兴城最早的繁华地带，也是运河文化在嘉兴积淀最深的地方，是流动的文化遗产，也是一条文化之河。它承载着记忆，不断注入新的生命力，不断延续价值、创造价值，润泽了后人的文化生活。

一、要素分解

（一）物质要素

1. 古老的水利工程闸口建筑

杉青闸是大运河入浙第一闸，自古以来就是运河上重要的水利工程，堪称"嘉兴的都江堰"。古时杭嘉湖水流南高北低，杉青闸抬高了水位，可以保证嘉兴的供水。运河上游水位的抬高让原来向北流的运河水通过长纤塘以及平湖塘向东流，有利于嘉兴东南部的农业生产。宋代官府对大运河极为重视，专门设置了大运河管理部门，并派驻官员管理。《宋史·河渠志》中记载："神宗熙宁元年十月，诏：'杭之长安、秀之杉青、常之望亭三堰，监护使臣并以管干河塘系衔，常同所属令佐，巡视修固，以时启闭。'"此处提到了朝廷直接派官员负责管理运河的历史。与此同时，朝廷还要求当地官员一起巡视、修固运河河段，保障漕运。

2. 长虹卧波的水乡美景

清光绪年间再修亭时，增筑了一座四角攒尖的太白亭，还配有花神和闸神像。现如今在落帆亭附近，当地以它为中心建成了一处小园林，并以"落帆亭"命名。此亭虽名为"落帆亭"，实则为一处精致的江南园林。园林内玲珑的假山、幽雅的亭轩、苍翠的树木以及池塘中遍植的荷花，构成了优美的风光。登上落帆亭极目远眺，运河上长虹卧波，帆影点点，飞鸟展翅，水乡美景一览无余。2013 年，作为大运河的一部分，落帆亭被国务院批准为第七批全国重点文物保护单位。

（二）精神要素
源远流长的运河文化精神

运河闸门是嘉兴重要的文化象征。杉青闸对杭嘉湖农业开发有重大的作用，运输粮食都要经过闸门。杉青闸一带是嘉兴城最早的繁华地带，也是运河文化在嘉兴积淀最深的地方。这里有丰富的人文历史，古代的记载及诗词很多都有描写。清代诗人朱彝尊在《鸳鸯湖棹歌》中写道："秋泾极望水平堤，历历杉青古闸西。夜半呕哑柔橹拨，亭前灯火落帆齐。""秋泾"是杉青闸附近的绕城运河段，水面宽阔，有秋泾桥连通城内外。此诗写的是半夜时分，船上帆落，灯火点点，船去船来，一片繁忙的景象，说明这是运河的一个重要通道。有记载说，南来的船只到此需落下船帆，进入绕城运河，而北往的船只出了杉青闸就可以上帆，乘风而行，所以在这里建有落帆亭。"南湖八景"中"杉闸风帆"描绘的就是这一景象。

（三）语言和象征符号
"入浙第一闸"的历史形象

嘉兴市自古为水城，在唐代，其城市格局依着古运河展开。古城内外，许多河道纵横交错，和两岸古民居共同构成了浓厚的江南水乡风情。可以说，是运河养育了嘉兴，没有运河就没有嘉兴的秀丽和繁荣。嘉兴为京杭大运河夹城而过的城市，老城内市河纵横，苏州塘、三店塘、嘉善塘、平湖塘、海盐塘、长水塘、杭州塘、新塍塘八条主要河流从嘉兴城呈放射状通达周边，形成"运河抱城，八水汇聚"的独特运河城市景观，至今未变，进一步确立了嘉兴"左杭右苏""南北通衢"的运河古城地位。杉青闸是大运河入浙第一闸，作为嘉兴古运河最重要的水利工程，在嘉兴具有不可动摇的重要地位。

二、核心基因提取与评价

基于对材料的全面、深入分析,得出本文化元素的核心基因:"古老的水利工程闸口建筑""源远流长的运河文化精神""'入浙第一闸'的历史形象"。

杉青闸遗址核心文化基因评价依据

评价项目	评价因子	评价依据(特点)	是否
生命力评价	文化基因存续的时间	自出现起延续至今,未曾明显中断	√
		自出现起延续至今,但多次衰微、中断后复兴	
		曾明显衰败,改革开放后开始复兴或历史溯源关键环节缺失,难以考证	
		文化形态主体已灭失,现存部分痕迹	
	文化基因的稳定性	在发展过程中保持相当稳定的状态	√
		在发展过程中存在明显的精神内涵、表现形式剧变	
凝聚力评价	文化基因的凝聚力及社会动员效果	曾广泛凝聚起区域群体的力量,显著推动过社会经济文化的发展	
		曾部分凝聚起区域群体力量,对社会经济文化的发展产生过影响	√
		凝聚过力量,创造过实际的发展动能,但未见对社会经济文化发展产生显著改变	
		仅在历史文献或口耳相传中存在,未见实际介入社会经济发展	

续表

评价项目	评价因子	评价依据（特点）	是否
影响力评价	辐射的范围	具有全国性、世界性的影响力	√
		具有长三角区域、浙江省影响力	
		具有市县、乡镇影响力	
	提炼的高度	已经被古代文人士大夫和当代学者提炼为精神符号和理念理论	√
		单纯的样式、造型、工艺技术规范	
发展力评价	与当代精神追求和价值观念的契合	传统文化基因得到创造性转化、创新性发展；区域革命文化基因被完整继承、广泛弘扬；区域社会主义先进文化基因成为与浙江"三个地"相适应的文化高地	√
		部分转化、部分弘扬、部分发展	
		难以转化、难以弘扬、难以发展	

说明：基因特点评价是对解码出来的基因，根据本《导则》表2的要求，围绕"四个力"逐一对表打"√"，进行定性表述

（一）生命力评价

杉青闸旁的落帆亭始建年代无考。据旧志记载，它于宋熙宁初年重建，后历经战火毁圮，清光绪年间再建，增筑了一座四角攒尖的太白亭祭祀李白。1921年，嘉兴酒业公所募资整修，使此处园林面积达2500平方米。2012年，园林部门参考《江南名园志》中的图纸，将落帆亭以公园的形式再次重修。如今的落帆亭公园在原遗址上扩建了数倍，用地面积已扩展到12000多平方米。2013年3月，落帆亭作为大运河的一部分，被国务院批准为第七批全国重点文物保护单位。

（二）凝聚力评价

古时，落帆亭一带就有繁盛的书画交易，文韵墨香延续至今。4年前，运河画院在落帆亭成立，当地的书画精英纷纷加

入，故常有画家在园林里写生创作，试图用艺术形式呈现落帆亭曾经的美丽和繁华。由于文化积淀深厚，中国大运河文化艺术演艺推广联盟（嘉兴站）的戏台也选搭在这块文脉汇聚之地。对文人而言，大运河上的"杉闸风帆"是抹不去的文化印记。对普通老百姓而言，这里更是一方融入了日常点滴的惠民公共文化场所。原嘉兴三大厂之一的嘉兴制丝针织联合厂（简称嘉丝联）就坐落在落帆亭公园旁。沿着运河往南，原来的嘉兴造船厂也诞生在运河畔。可以说，大运河是嘉兴工业文明的摇篮。三大核心基因分别从不同的方面凝聚起区域群体力量，促进了杉青闸的传承和发展，推动了文化事业走向繁荣。

（三）影响力评价

落帆亭周边景色秀丽，自然就成为过往商旅和文人墨客的游乐休憩之所，留下了许多文化名人的诗句，如明代马德澄的《携吴阊美人归过杉青闸口》、清代朱彝尊的《鸳鸯湖棹歌》等。当年乾隆下江南曾路经此地，为其题词赐匾。此外，汉代会稽太守朱买臣的埋妻之处——"羞墓"，也在落帆亭边，"覆水难收"这一成语典出于此。

（四）发展力评价

杉青闸虽已退出历史舞台，但它在历史上的地位不容小觑，是古老的水利工程闸口建筑。2011年，杉青闸与落帆亭一并被公布为浙江省级文保单位。2013年又升级成为全国重点文物保护单位，两块石碑并排而立。近年来，为进一步展示嘉兴的历史文化，当地在杉青闸路西侧修建了落帆亭公园，成为市民休闲娱乐观赏的极佳场所。当地对于这些古建筑遗存按照修旧如故的原则，在原来的位置上按照原来的风貌修复。

三、核心基因保存

"古老的水利工程闸口建筑""源远流长的运河文化精神""'入浙第一闸'的历史形象"作为杉青闸遗址的核心基因,有《运河古韵之嘉兴段》《大运河嘉兴段申遗巡记》《禾城文化的源头》等7份文字资料,保存于嘉兴市南湖区文化基因解码调查组资料库中。出版物有《秀水县志》《嘉兴府志》。实物材料杉青闸遗址位于嘉兴城北运河段。

高以永

嘉禾南湖　南湖文化基因

高以永

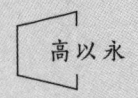

位于河南内乡县衙博物馆的三省堂，有这样一副对联："吃百姓之饭，穿百姓之衣，莫道百姓可欺，自己也是百姓；得一官不荣，失一官不辱，勿说一官无用，地方全靠一官。"

这副楹联堪称内乡县衙博物馆的"镇馆之宝"，语言质朴、寓意深刻，此联所阐述的官与民、荣与辱、得与失的辩证关系受到党和国家领导人、专家学者和广大游客的充分肯定和高度赞扬。2013年11月26日，习近平总书记在山东菏泽考察时对市县委书记们念了这副对联。此联以浅显的语言揭示了官民关系。封建时代的官吏尚有这样的认识，今天我们共产党人应该比这个境界高得多。①

1984年以来，随着内乡县衙这座国内第一座衙门博物馆、全国重点文物保护单位的声名远扬，这副楹联的作者也随着内乡县衙而名扬四海。而这副楹联的作者，就是清朝康熙年间一位非常清廉的知县——高以永。

高以永，字子修，号荆门，清代浙江省嘉兴府秀水县新丰村（今嘉兴市南湖区新丰镇竹林村）人。高以永出身望族，在家中排行老大，是北宋名将高琼的第二十二世孙。他天资聪颖，康熙十一年（1672）中举人，次年参加礼部会试以单科夺元而被称为"会魁"，同年中进士。

高以永将生命奉献给了工作。在二十余年的仕途生涯中，他为政以宽厚平和为本，治务以蓄养民力为主。为人心胸开阔，平易近人，遇事冷静沉着，不论是对百姓还是下属，从来都不摆架子，深受百姓爱戴。

康熙十八年（1679），高以永到内乡上任时，正值清初战乱之后，内乡百姓因躲避战乱背井离乡，庄稼荒芜、经济萧条。面对如此不堪的县情，高以永痛心疾首，决心要为百姓做些实事。

高以永抵达内乡后，下车的第一件事就是问民疾苦，赈济灾民，广招贫民。由于刚经历战乱，百废待兴，赋税也收不起来，"地尽芜废，不足赋额十之有二"（同治《内乡通考》），而且还有大量兵丁屯集于该县，使百姓生活更加困苦。当时垦荒以六年起赋，赋税又分为五等，报垦者一定要家庭财产为中上阶层，可这一阶层毕竟人数较少，于是出现了"垦者遂少"的现象。高以永为解决百姓的吃饭问题，首先请求朝廷放宽垦民的税负期限，鼓励百姓垦荒，放宽垦荒者的条件限制，将原来的中上阶层放宽至中下阶层；并且对贫穷的农民发放种子，规定除种粮食外，还可以种一些桑、麻、枣、栗等经济作物，以增加收入。此举一出，效果甚好，许多流亡者纷纷来归，"弥数年，辟地二千顷"（光绪《嘉兴县志》）。高以永广泛施以仁政，县内粮食丰盛，百姓安宁。清同治《内乡通考》评论说："高以永，广开垦，除匪盗，其有造于内乡者

---

① 《习近平引用的从政箴言》，人民网，2018年4月4日。

甚大。"

内乡是军事要地，自古就有"守八百里伏牛之门户，扼秦楚交通之要津"的说法。因内乡地处鄂、豫、陕三省交界，军需供应负担沉重，百姓苦不堪言。襄阳的军队经常在农忙时节到内乡骚扰百姓，诱骗贫民子女离家为奴，如有逃脱，就抓捕亲属邻人。高以永到任后第三天，就抓捕了两名来骚扰百姓的士兵，并将此事报到南阳知府，知府畏惧将军之威想释放士兵，高以永坚持请知府向上呈报，两名士兵最终受到制裁。从此以后，内乡南部秩序井然，百姓得以安生度日，高以永也以"诛暴"树立了自己在内乡的威严。

高以永为政以宽厚为本，效法战国时单父县令宓子贱，崇尚鸣琴而治，政简刑轻，重修了内乡县衙的二堂，并将原来二堂的"思补堂"改为了"琴治堂"。每当遇到命盗重案，更是慎之又慎，从不滥用刑罚。兼管镇平县事务时，有一位孝廉畏罪亡匿，他的父亲和他的儿子被羁于县衙，高以永认为儿子犯罪不能株连老人，应将老人放了，但只放了老人，又没人来养活他，于是请上级将他们祖孙二人一并释放。内乡县百姓得知后，无不赞赏高以永的深明大义。

高以永温厚亲和，爱护百姓，心胸开阔。大事面前沉着冷静，以谈笑处之。高以永在内乡任职九年后，考核卓异，迁直隶省安州知州。离任内乡时，内乡百姓们极力挽留，甚至有人追送达数百里。后来，内乡百姓为高以永在仪门之前立了"德政""去思"石碑，并把他奉入名宦祠。清康熙《内乡县志》中记载：高以永"在事数年，温厚和平为治务，慈祥恺悌之声无间遐迩"。

康熙二十七年（1688），高以永升任河北安州知州并兼署新安县事务。在安州，高以永经过一番改革，减轻了百姓的负担。康熙二十八年（1689），安州"境内大旱，赤地千里"。每天来州、县衙门的求赈者达千人以上。高以永命人将赈济灾荒所需的常平仓打开，把赈灾粮发给百姓。可受灾者众多，常平仓的粮食发尽，还不能满足饥饿的灾民。此时，高以永又当机立断，请示上司后，果断打开国库，向灾民赈济银子三十万两。为了将赈灾银快速落实到灾民手中，高以永骑着马，带着随从，顶着炎炎烈日，奔赴各村，亲自发放赈灾银。由于连日奔跑，他骑的马都被累垮了，他的脸被热辣辣的太阳晒得黑红，以至于村里的百姓都怀疑这位认真发放赈灾银的衙门中人是否真的是知州大人。

安州境东面有个白洋淀，因水涸为地，百姓就在此种麦子，偶有所获。附近保定府驻扎的旗军看到这里有"油水"可沾，就将白洋淀指定为放马场地，规定百姓不得在此种麦。保定知府还下令对淀底土地进行丈量，对已种麦的百姓要课以赋税。高以永则极力争辩，认为这些土地原先就是淀荡，只是偶然遇到干旱而干涸，雨水多了又将变成淀荡，不能将其指定为驻军放马场地，如不允许百姓在此种麦而允许驻军放马，必然"害民无已也"。高以永据理争辩，和上司争论不休。后没多日，淫雨忽发，白洋淀巨浸如旧，果如高以永所料，"会雨后，复浸事得寝"，百姓无不为高以永为民争利而叹服。

在安州任知州时，有一位纨绔子弟对高以永的政声和为人深为怀疑，他便公然到衙门，要亲眼见他。高以永欣然接待，和风温雅，其仪态之大方，学问之渊博，言辞之得体，使这位纨绔子弟深深叹服："高以永的政声绝无粉饰之辞。"从此，高以永颇得安州百姓敬仰，在他升调户部时，安州人泣送如内乡。

高以永勤于政事，宽以待人，在生活中严于律己、清苦过人。他一生任州县官十多年从未携家人至任所。从内乡至安州、安州至户部，每次离任时，高以永随身携带的只有几件衣服和几本书而已。高以永不仅是勤能之官、清廉之吏，也是清代有名的诗人之一，留下了大量诗篇。在内乡任职期间他撰写了不少诗文，并广为流传。仅康熙《内乡县志》记载的就有诗歌、碑文二十余篇。如他在《内乡春日漫兴》一诗里写道："每逢春耘早放衙，小堂幽静胜山家。悠然竹几摊出坐，落尽中庭白杏花。"他在诗里多表达体察民情、重视农事、关心民瘼的高尚情怀。

高以永身后留有《高户部诗集》一本，嘉兴《竹林八圩志》收录了高以永的多篇诗作。清代著名史学家万斯同等五人在为高以永所作的序言中，评价了其为政、为人和在文学方面的成就。如冉觐祖在序言中写道："今海内诗人竞相雄长者未有定论，而公亦可以独树旗鼓,自名为家不愧也!"

高以永在官位、权位高度结合的封建时代,在"心存高官,志在巨富"的旧官场中,能这样淡化"官本位"观念,实在是难能可贵。在"以官为尊,以官为贵"的封建时代,高以永能够道出"不荣""不辱",彰显了他的胸怀和居官本为民的意识。

政声人去后,民意闲谈中。高以永是爱民若子的父母官,他以自己的行动实践了三堂联语的要求,在内乡、在安州、在户部留下了极好的政声,他的名字将彪炳史册,他的著作将流芳百世。

一、要素分解

（一）物质要素

1. 享誉全国的内乡县衙

内乡县衙古称"菊潭古治"，始建于元大德八年（1304），现存建筑为清光绪二十年（1894）所建，是我国保存最为完好的封建时代县衙，也是中国第一家衙门博物馆，故又称为"天下第一衙"，现为全国重点文物保护单位。县衙所有建筑物前的匾额、楹联以其语言精练、内涵丰富而令人赞不绝口。高以永曾在此任职9年，为官一任，造福一方。

2. 庄严肃穆的石碑

高以永在离任内乡时，百姓们夹道挽留，甚至有人追送达数百里。后来，内乡百姓在仪门之前为高以永立有"德政""去思"两通石碑，并把他奉入名宦祠。

（二）精神要素

1. 宽厚平和、为民争利的为政治务理念

高以永为政以宽厚平和为本，效法战国时单父县令宓子贱，崇尚鸣琴而治，政简刑轻。他重修了内乡县衙的二堂，并将原来二堂的"思补堂"改为了"琴治堂"。每当遇到命盗重案，更是慎之又慎，从不滥用刑罚。另外，高以永处处为百姓着想，

为民争利。为官一任，造福一方，高以永广泛施以仁政，赈济灾民，广招贫民，除暴安良，使百姓安居乐业。

2. **心胸宽广、待人温和的精神品质**

高以永温厚亲和，爱护百姓，心胸开阔，赋性宽仁。遇到大事时，他人往往惶惶不知所措，而他总能沉着冷静，以谈笑处之。对属下、对民众从未发怒。

3. **严于律己、清苦过人的自我修养**

高以永勤于政事，宽以待人，在生活上严于律己、清苦过人。他一生任州县官十多年从未携家人至任所。他每次离任时，随身携带的只有几件衣服和几本书而已。在任户部江西司员外郎时，他深知"江南财赋半天下"，工作繁重、责任重大，为防止奸吏作弊，高以永夜以继日地查核文书簿籍，以至积劳成疾，病逝于任所。他死后没有留下任何属于自己的财产，连灵柩也不能运回，靠亲戚朋友资助才得以归葬。

（三）制度要素

"忠孝世泽，清白共守"的家风家训

高以永出身望族，是北宋名将高琼的第二十二世孙。高以永的家乡竹林村人文荟萃，清官硕儒辈出。仅高氏家族就涌现出正七品以上19人，几乎都有清廉之名流传，高氏"忠孝世泽，清白共守"的家风家训也被后人广为传颂。

（四）语言和象征符号

内乡县衙三省堂的千古名联

高以永著作颇多，而最著名的莫过于悬挂在内乡县衙三省堂的楹联："吃百姓之饭，穿百姓之衣，莫道百姓可欺，自己也是百姓；得一官不荣，失一官不辱，勿说一官无用，地方全靠一官。"据考证，此联是高以永调离内乡知县之际所撰写的，高以永眼看要远离自己为官近十年的内乡县，颇为不舍，于是写下此联，悬挂在三省堂，这副楹联后来成为内乡县衙博物馆的镇馆之宝，高以永也因这副楹联而被后人知晓。高以永是清贫的，但是他留下的千古名联却是无价之宝，成为一代又一代清官的座右铭，世世代代颂之。

二、核心基因提取与评价

基于对材料的全面、深入分析,得出本文化元素的核心基因:"享誉全国的内乡县衙""宽厚平和、为民争利的为政务理念""忠孝世泽,清白共守的家风家训"。

高以永核心文化基因评价依据

评价项目	评价因子	评价依据(特点)	是否
生命力评价	文化基因存续的时间	自出现起延续至今,未曾明显中断	√
		自出现起延续至今,但多次衰微、中断后复兴	
		曾明显衰败,改革开放后开始复兴或历史溯源关键环节缺失,难以考证	
		文化形态主体已灭失,现存部分痕迹	
	文化基因的稳定性	在发展过程中保持相当稳定的状态	√
		在发展过程中存在明显的精神内涵、表现形式剧变	
凝聚力评价	文化基因的凝聚力及社会动员效果	曾广泛凝聚起区域群体的力量,显著推动过社会经济文化的发展	√
		曾部分凝聚起区域群体力量,对社会经济文化的发展产生过影响	
		凝聚过力量,创造过实际的发展动能,但未见对社会经济文化发展产生显著改变	
		仅在历史文献或口耳相传中存在,未见实际介入社会经济发展	

续表

评价项目	评价因子	评价依据（特点）	是否
影响力评价	辐射的范围	具有全国性、世界性的影响力	√
		具有长三角区域、浙江省影响力	
		具有市县、乡镇影响力	
	提炼的高度	已经被古代文人士大夫和当代学者提炼为精神符号和理念理论	√
		单纯的样式、造型、工艺技术规范	
发展力评价	与当代精神追求和价值观念的契合	传统文化基因得到创造性转化、创新性发展；区域革命文化基因被完整继承、广泛弘扬；区域社会主义先进文化基因成为与浙江"三个地"相适应的文化高地	√
		部分转化、部分弘扬、部分发展	
		难以转化、难以弘扬、难以发展	

说明：基因特点评价是对解码出来的基因，根据本《导则》表2的要求，围绕"四个力"逐一对表打"√"，进行定性表述

（一）生命力评价

"享誉全国的内乡县衙""宽厚平和、为民争利的为政治务理念""忠孝世泽，清白共守的家风家训"作为高以永的核心文化基因作为高以永留下的精神财富，一直延续至今，展现出强大的生命力。高以永留下的千古名联是无价之宝，成为一代又一代清官的座右铭，世世代代颂之。高以永为官清廉的品行，成为为官者的榜样。

（二）凝聚力评价

"享誉全国的内乡县衙""宽厚平和、为民争利的为政治务理念""忠孝世泽，清白共守的家风家训"作为高以永的核心文化基因，曾广泛凝聚起区域群体的力量，显著推动过社会经济文化的发展。高以永在为官期间，爱护百姓、宽厚待人、

执政为民。不论是对百姓还是下属，从来都不摆架子，深受爱戴。他很好地凝聚起地方百姓的力量，让百姓们从清初战乱的艰难困苦中走出来，安居乐业，促进了当时社会经济文化的发展。

（三）影响力评价

"享誉全国的内乡县衙""宽厚平和、为民争利的为政治务理念""忠孝世泽，清白共守的家风家训"作为高以永的核心文化基因，具有全国性的影响力，且已经被古代文人士大夫和当代学者提炼为精神符号和理念理论。高以永留下的千古名联，是高以永为官做人的缩影，其中所阐述的官与民、荣与辱、得与失的辩证关系受到党和国家领导人、专家学者和广大游客的充分肯定和高度赞扬，这副对联也成为对联中的经典之作。

（四）发展力评价

"享誉全国的内乡县衙""宽厚平和、为民争利的为政治务理念""忠孝世泽，清白共守的家风家训"作为高以永的核心文化基因，在当代得到了创造性转化。他为官为人的优秀品德世代传承，他的人物形象与事迹通过文学作品、戏剧演绎等向后人展现。

三、核心基因保存

"享誉全国的内乡县衙""宽厚平和、为民争利的为政治务理念""忠孝世泽,清白共守的家风家训"作为高以永的核心基因,资料保存情况如下:

文字资料有《浅谈内乡县衙"镇馆名联"撰写者高以永》《明清时期任职内乡县衙的浙江县令》《古人留给为官者的箴言》《古代官员的"访贫问苦"》等,保存在嘉兴市南湖区文化基因解码调查组资料库中;图片资料有 27 张,保存在嘉兴市南湖区文化基因解码调查组资料库中;音频资料有微广播剧《清风竹韵高以永》;视频资料有动漫《高以永》、戏剧《高以永》等。

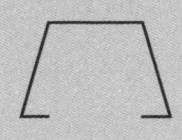

《鸳鸯湖棹歌》

嘉禾南湖 南湖文化基因

《鸳鸯湖棹歌》

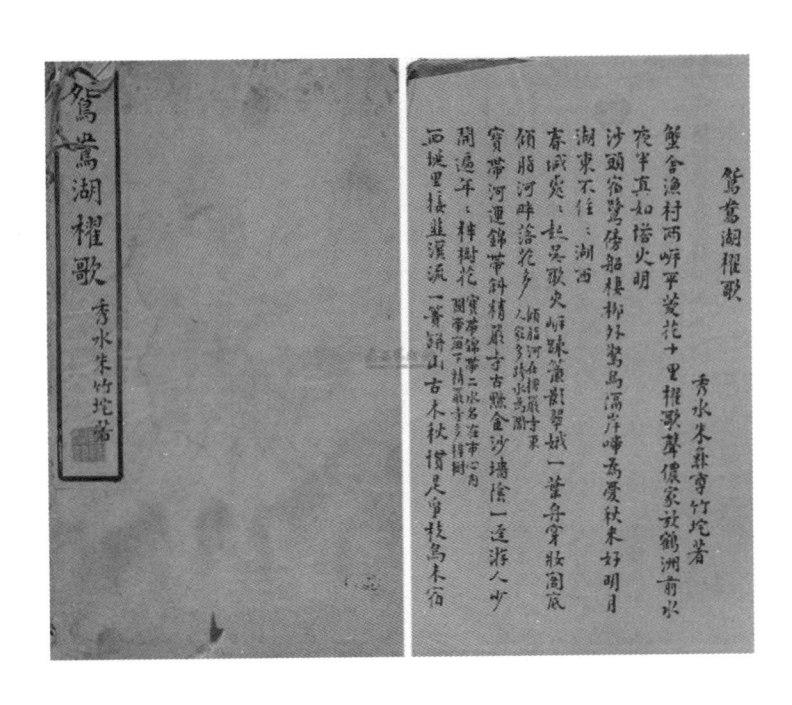

《鸳鸯湖棹歌》("槜李丛书"刻本作《鸳央湖棹歌》)是清朝著名学者、文学家朱彝尊(1629—1709)的作品。自朱彝尊《鸳鸯湖棹歌》一出,同籍诗人不约而同地开始续作和仿作,其时间之长、影响之广、意义之大,堪称嘉兴文学交流之盛事。

鸳鸯湖,即如今的南湖,得名由来,一说因为此湖中多鸳鸯,一说因东西两湖相连如鸳鸯交颈。鸳鸯湖作为嘉兴地方名胜，风光旖旎，吸引了不少文人墨客，尤其是嘉兴本地文人，他们好以"鸳鸯湖"作为嘉兴的代名词，或是自赏自吟，或是结社吟唱，其中《鸳鸯湖棹歌》便是嘉兴地方文人创作的文学样式之一。

棹，桨类船具；棹歌，船歌也。棹歌,有广义和狭义之分。广义的棹歌，是指吴地音乐，因主要产自江南地区，尤其是吴越一带，故又称"吴歌""吴谣"，是操楫浮舟之时伴随着水声、摇橹声所吟唱的一种民间歌谣。西晋陆机有《吴趋行》一诗，崔豹《古今注·音乐》曰："吴趋曲，吴人歌其地也。"且行且唱，内容丰富，也无固定样式，不需要乐器伴奏，属于徒歌，即马融《广成颂》中所说的"发棹歌，纵水讴，淫鱼出，菁蔡浮，湘灵下，汉女游"。由此可见，广义的棹歌涉及江南一切渔船舟子之歌，故在诗歌题名上或以"棹歌"为题，或采用其他题名，如"欸乃曲""渔歌"等。而狭义的棹歌是特指那些以"棹歌"为题的诗歌。

魏晋南北朝至隋唐时期，文人介入棹歌创作的现象增多，并出现了"棹歌"之名，文学创作趋于个性化。最早以"棹歌"为诗歌题名的是魏明帝的《棹歌行五解》。宋代郑樵《通志》卷四十九记载，棹歌行是相和歌瑟调三十八曲之一，"晋乐，奏魏明帝将用舟师平吴，故作是歌，以明王化所及。后之作者，多言方舟鼓棹之兴耳"。诗歌中或以棹歌寄托统治者的政治理想，或渲染乘舟鼓棹的闲适心情，或表达情人翘首思念之情，或以诗说禅理，等等。尽管题材丰富多样，但棹歌始终与行舟紧密联系在一起，后流行于江南水乡，并且出现一些具有开创性意义的特征：第一，诗歌题名上大多以"棹歌行"命名，也出现了在"棹歌"的题名前增加地名的形式，如戴叔伦的《兰溪棹歌》；第二，在诗歌体例上，句式逐渐统一，多以七言绝句或"渔父词"的组诗形式来创作，如船子和尚的《拨棹歌》三十九首；第三，在诗歌题材上，继承并发展了乐府《棹歌行》中题写乘舟鼓棹之所见、所闻、所思的内容。

明清时期是棹歌的大发展阶段，文人创作棹歌呈现出前所未有的规模。该时期棹歌最大的特征是：随着文人对地域文学传统意识的逐渐清晰，所呈现出的地域性愈加明显。其基本采用七言绝句的形式进行创作。《鸳鸯湖棹歌》就是在这个时期创作出来的。

《鸳鸯湖棹歌》创作于康熙十三年（1674），是诗人朱彝尊游幕时期所创作的一组大型思乡爱国诗歌。当时的朱彝尊满腹才学却无处施展，在他乡如同萍踪飘忽。他写这百首思乡诗聊以排遣忧愁，诗中既有怀才不遇的感慨、寄人篱下的寂寞，也有对家乡美景、历史变迁、风土人情的赞美。诗歌充满浓郁的民歌风味，具有开风气之意，引得嘉兴乡贤邑人纷纷唱和、续诗，在清代诗坛极盛一时。

《鸳鸯湖棹歌》以棹歌的形式来记录家乡风土人情，在棹歌发展史上具有特殊地位，也代表清代棹歌的发展趋势。朱彝尊在宋代张尧同的《嘉禾百咏》、明代许恂如的《秀州百咏》等优秀作品基础上进行创作，主要表现在：采用七言绝句诗加注文的组诗形式，大大地丰富了诗歌的容量，提高了读者对诗歌的理解力；用"棹歌"取代之前"百咏""八咏"等题名，并取消了每首诗写一处名胜并冠以诗题的形式，增加了诗歌的灵活性和可读性；将嘉兴地方名人、名物等都纳入诗歌题咏的范围，浓缩成一幅幅具有风土人情的画卷。

受《鸳鸯湖棹歌》影响，运用民歌手法和诗、补和、续和的"棹歌体诗歌"大量出现，约三百年来连绵不绝，一直吟唱到现代，成了中国文学史上的奇观。"鸳鸯湖棹歌体"诗歌融地名、人物、典故、传说于一体，描写的虽然只是嘉兴地区的风情，但涉及的社会生活领域却相当广泛。特别是反映了明末清初资本主义萌芽时期嘉禾平原的景象，历来被认为"可补方志所未备者"，是"有韵的地方志"，既有欣赏价值，又有历史价值。

20世纪70年代，嘉兴诗人朱大可有意以鸳鸯湖诗社为载体，弘扬嘉兴文化。因此，在朱大可、沈茹松等一大批嘉兴籍诗人的积极推动下，"鸳鸯湖棹歌"唱和于1974年再次复兴。时至今日，仍有大批诗人据此进行创作。新时代的和作、续作形式上仍采用七绝，次韵方式亦无过多差别；但是在题材内容上，当代诗人在歌咏旧题材的同时，还描绘了大批新鲜事物，如国家大事、时政信息、人民生活等，无不体现出"鸳鸯湖棹歌"的时代性和创新性。另外，当代棹歌在体量上亦有变化，如苏焕镛《和朱彝尊〈鸳鸯湖棹歌〉二百零一首》等。当代棹歌组诗动辄几百首，对于嘉兴文化的宣传和传承也有不小的价值。

朱彝尊将棹歌与百咏体风土诗巧妙结合，使棹歌成为文人书写的"地方志"。《鸳鸯湖棹歌》及其和诗、续诗，以及唱和活动，既是嘉兴文化史的重要组成部分，又是传统诗歌发展史上宝贵而独特的财富。

一、要素分解

（一）物质要素

1. 嘉兴棹歌创作历史发展的集大成者

《鸳鸯湖棹歌》顺应了棹歌历史发展的必然趋势，是对嘉兴百咏体风土诗的积极创新。先秦秦汉时期，棹歌近似楚辞体的歌辞，多记叙乘舟鼓枻之时的所见所闻所思。到了魏晋南北朝时期，棹歌逐渐发展成了带有抒情达意功能的诗体。宋元时期，棹歌的发展进入了关键期，出现了为棹歌写序、和韵的形式，为明清棹歌唱和之繁荣打下了坚实的基础。明清时期棹歌创作达到了鼎盛阶段，至朱彝尊的《鸳鸯湖棹歌》，蔚为大观，且流风遗韵绵延数百年不绝，在嘉兴诗坛上形成一个特殊的流派。

2. 有地域特色韵味的嘉兴地方志

《鸳鸯湖棹歌》是在嘉兴地域文化的孕育下产生发展的，成为一批嘉兴文人在诗歌这一文学样式上的出色表现。《鸳鸯湖棹歌》创作者经嘉兴地域文化滋养而成，无论在民风民俗、方言俚语还是文学传统等方面都深深地打上了地域烙印，自觉地将这种地域文化内容表现在诗歌中。从题材内容上说，朱彝尊的《鸳鸯湖棹歌》囊括了嘉兴地方名胜美景、风土人物、神话传说等。鸳鸯湖的内涵和外延得到了扩充，它已不仅仅是一个湖，而是作为嘉兴市区乃至整个嘉兴地区的代表。一部《鸳鸯湖棹歌》实乃"一部嘉兴地区棹歌"，它不仅题咏包括鸳鸯湖在内的嘉兴城区及近郊的风土人情，还涉及嘉兴下属的嘉善、平湖、海盐、桐乡等县市，提供了相当丰富的社会生活信息，把嘉禾鱼米之乡的风情风貌展现得淋漓尽致。它被认为是一部"有韵的地方志"，既有欣赏价值，又有历史价值。

（二）精神要素

纪实抒怀、吟咏风土，倾注思乡爱国之情怀

秀水朱氏于明景泰间自吴江迁至嘉兴，其后家学鼎盛，风雅相继，在嘉兴文学望族之中一直声名显赫。至明末朱彝尊出生之时，清廉的家风和动荡的社会使得朱氏家族日渐衰微。在优良家风的耳濡目染和家族长辈的辛勤教导下，朱彝尊勤学奋发，立志恢复故国、重振家园。但多次抗清的失败使朱彝尊不得不过着背井离乡、远避灾祸的生活。百首《鸳鸯湖棹歌》便作于朱彝尊身在他乡、四处为幕的途中。康熙十三年（1674）岁暮深冬，46岁的朱彝尊客居通州，在幕府中，朱彝尊归心似箭，成此百首棹歌。《鸳鸯湖棹歌》是朱彝尊在被迫离家、避乱漂泊时的隐隐心声。其中既夹杂着他日久离乡的倦游思乡之情，又饱含着反思历史以及重建故国的殷切期盼。诗歌饱含着朱彝尊唤醒嘉兴文人守护故土、追悼故国的赤诚之心，其爱乡之情溢于言表。

（三）制度要素

1. 七言绝句的诗歌体裁

《鸳鸯湖棹歌》采用七言绝句诗后加注的组诗形式，大大地丰富了诗歌的容量，提高了读者对诗歌的理解力，同时为诗歌增加了更多细节描写，使画面表述更为生动。

2. 巧用对比和意象组合的塑造

《鸳鸯湖棹歌》能令读者"吟之未终，皎然在目"，这得益于朱彝尊塑造诗歌意象时注重意象之间的组合，并运用对比技巧体现出整体效果。《鸳鸯湖棹歌》采用出人意料的意象组合方式，诗句看似结构散漫，节奏缺乏连贯性，但却是意象塑造的"温床"。诗句中鸳鸯湖山水名胜之意象，无须经过分析解说，直接呈现在读者的眼前，引人联想，进而产生身临其境的感觉。另外，《鸳鸯湖棹歌》巧用对比技巧，运用时间对比，写出家乡晨夕之景、四季之色、风土人情的改变；运用空间对比，写出景物高下、远近、大小、方位间的对比，使家乡风土人情共存在时空中；采用动静结合，从而加强视觉效果和听觉效果，体现出整体效果。形形色色的对比使得诗句的时空结构更为明晰，也使意象更为生动形象。

（四）语言和象征符号
典雅精妙的文人诗语

《鸳鸯湖棹歌》中带有浓厚的俚歌色彩，朱彝尊对俚言俗语进行筛选和提炼，益以文藻，去粗取精，使得《鸳鸯湖棹歌》稍加变化而别出新意，又不失诗歌的典雅和韵味。朱彝尊工于对偶，重视诗歌语言的锤炼。《鸳鸯湖棹歌》中多是宽式对偶，即对严式对偶的五条要求只要有一部分达到就可以，不是很严格。朱彝尊巧用典故，常化用前人诗词。用事用典是借用历史故事，如历史记载的神话传说、历史故事、民俗掌故、寓言逸闻等，来表达作者的思想感情，包括对现实生活中某些问题的立场、态度、个人意愿等。

二、核心基因提取与评价

基于对材料的全面、深入分析，得出本文化元素的核心基因："嘉兴棹歌创作历史发展的集大成者""有地域特色韵味的嘉兴地方志""纪实抒怀、吟咏风土，倾注思乡爱国之情怀"。

《鸳鸯湖棹歌》核心文化基因评价依据

评价项目	评价因子	评价依据（特点）	是否
生命力评价	文化基因存续的时间	自出现起延续至今，未曾明显中断	
		自出现起延续至今，但多次衰微、中断后复兴	√
		曾明显衰败，改革开放后开始复兴或历史溯源关键环节缺失，难以考证	
		文化形态主体已灭失，现存部分痕迹	
	文化基因的稳定性	在发展过程中保持相当稳定的状态	
		在发展过程中存在明显的精神内涵、表现形式剧变	√
凝聚力评价	文化基因的凝聚力及社会动员效果	曾广泛凝聚起区域群体的力量，显著推动过社会经济文化的发展	
		曾部分凝聚起区域群体力量，对社会经济文化的发展产生过影响	√
		凝聚过力量，创造过实际的发展动能，但未见对社会经济文化发展产生显著改变	
		仅在历史文献或口耳相传中存在，未见实际介入社会经济发展	

续表

评价项目	评价因子	评价依据（特点）	是否
影响力评价	辐射的范围	具有全国性、世界性的影响力	
		具有长三角区域、浙江省影响力	√
		具有市县、乡镇影响力	
	提炼的高度	已经被古代文人士大夫和当代学者提炼为精神符号和理念理论	√
		单纯的样式、造型、工艺技术规范	
发展力评价	与当代精神追求和价值观念的契合	传统文化基因得到创造性转化、创新性发展；区域革命文化基因被完整继承、广泛弘扬；区域社会主义先进文化基因成为与浙江"三个地"相适应的文化高地	√
		部分转化、部分弘扬、部分发展	
		难以转化、难以弘扬、难以发展	

说明：基因特点评价是对解码出来的基因，根据本《导则》表2的要求，围绕"四个力"逐一对表打"√"，进行定性表述

（一）生命力评价

棹歌自先秦两汉时期开始传唱，经过各个时代的发展与传承，至清代诗人朱彝尊创作的《鸳鸯湖棹歌》达到鼎盛，并在广度和深度方面都得到了更好的传承与发展。《鸳鸯湖棹歌》至现当代仍传唱不绝。20世纪70年代，在朱大可的发动之下，庄一拂、沈茹松、吴藕汀等一大批嘉兴籍诗人纷纷响应，发起补和《鸳鸯湖棹歌》之雅事。20世纪90年代，鸳鸯湖诗社一度中断。随着鸳鸯湖诗社在21世纪的重新兴盛，至今仍有嘉兴文人创作《鸳鸯湖棹歌》和诗。《鸳鸯湖棹歌》为嘉兴文人创造了文化上的薪火，使嘉兴文化得以用棹歌形式传承。

（二）凝聚力评价

"嘉兴棹歌创作历史发展的集大成者""有地域特色韵味

的嘉兴地方志""纪实抒怀、吟咏风土，倾注思乡爱国之情怀"作为《鸳鸯湖棹歌》的核心文化基因，在棹歌创作领域广泛地凝聚了文人的力量，促进了中国诗歌文坛的发展。朱彝尊对《鸳鸯湖棹歌》的创作直接引发了同籍诗人和诗、仿作、续作的潮流，使得嘉兴文脉绵延不绝。朱彝尊的棹歌又给其他地域棹歌创作提供了先例，促进了清代竹枝词和棹歌的繁荣。

（三）影响力评价

"嘉兴棹歌创作历史发展的集大成者""有地域特色韵味的嘉兴地方志""纪实抒怀、吟咏风土，倾注思乡爱国之情怀"作为《鸳鸯湖棹歌》的核心文化基因，对传承嘉兴文化，启发现当代棹歌创作，有着深刻的影响力。《鸳鸯湖棹歌》唱和是文坛盛事，其影响力一直持续至当下。周作人在《关于竹枝词》中评论道："元明之间所作亦不甚少，惟清初朱竹垞的《鸳鸯湖棹歌》出，乃更有名，竹枝词之盛行于世，实始于此。"郭沫若亦云："鸳湖四百棹歌外，国际歌声入九陔。"足以见得其声誉之隆。

（四）发展力评价

"嘉兴棹歌创作历史发展的集大成者""有地域特色韵味的嘉兴地方志""纪实抒怀、吟咏风土，倾注思乡爱国之情怀"作为《鸳鸯湖棹歌》的核心文化基因，其思想内涵在新时代有了新的转化与发展。新时代和作、续作的棹歌，形式上仍常采用七绝，次韵方式亦无过多差别；然而在题材内容上，增加了新鲜事物的描绘，如国家大事、时政信息、人民生活等，体现了时代性和创新性。

三、核心基因保存

"嘉兴棹歌创作历史发展的集大成者""有地域特色韵味的嘉兴地方志""纪实抒怀、吟咏风土，倾注思乡爱国之情怀"作为《鸳鸯湖棹歌》的核心基因，文字资料《朱彝尊〈鸳鸯湖棹歌〉研究》《〈鸳鸯湖棹歌〉研究》《〈鸳鸯湖棹歌〉试论》等8项，图片资料《鸳鸯湖棹歌》等20张，音频资料《鸳鸯湖棹歌曲牌鸳鸯湖棹歌第三首》《诗词吟诵调鸳鸯湖棹歌第一首》等2项，均保存于嘉兴市南湖区文化基因解码调查组资料库中。

嘉兴三塔

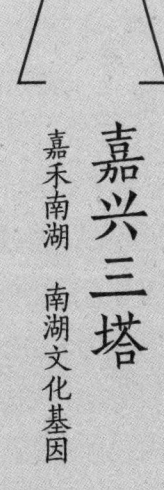

嘉禾南湖　南湖文化基因

嘉兴三塔

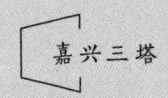

嘉兴，是名副其实的运河之城，京杭大运河像流动的宝带一般围绕着这座江南古城。在嘉兴城西京杭大运河畔转弯处，一字并排矗立着三座宝塔，这就是有着嘉兴古城标志之称的嘉兴三塔。远远看去，三座宝塔浑然一体，巍然耸立，雄震一方。

嘉兴三塔初建于唐代，是一座富有传统建筑风格的砖塔，造型美观，观之令人赏心悦目，其结构严谨科学，虽历经千年的历史风烟，至今仍巍然屹立，足以说明古代劳动人民在建筑科学和艺术上的聪明智慧。

追溯嘉兴三塔的历史，还有一段流传千百年的传说。古代的嘉兴是江南河畔的一座重镇，叫作嘉禾。那时的嘉禾民风淳朴，安居乐业。每到农历三月十六这天，为了祭蚕神，就要举行一次"踏白船"的民俗活动。"踏白船"也称"摇快船"，盛行于嘉禾水乡，是民间自发举行的一项活动。"踏白船"名称由来与宋将岳飞有关，相传宗泽因赏识岳飞的才能与忠勇，任命其为"踏白使"。为鼓励赛船者以岳飞的无畏气概参加竞渡，故称此项活动为"踏白船"。

每年三月十六，四乡八里的蚕民便摇船云集到嘉禾的白龙潭，因这里河道较宽，乡民们一向在此举行一年一度的"踏白船"。远远望去，白龙潭与江南河连成一片，水域宽阔，碧波荡漾。赛事一开始，各个船只如脱弓之箭，在水面上你追我赶。比赛使用的船多为嘉禾水乡常见的农用船，这种船船体稍长，船底呈弧形，涉水阻力甚小，但急摇时左右稳定性较差，乡民们称之为"活"。因此这成就了"踏白船"在表演时速度快又惊险的一幕。在竞渡中，船民们仿佛踏浪而立，行船激起的浪花似乎就在他们脚下穿梭，场面十分精彩。

白龙潭段的运河水势凶险，这里是一个近90°的急湾，不仅河面宽阔而且水深漩涌，船行至此，一不小心就会倾覆。一次"踏白船"活动中，几十条船在河面上你追我赶赛得正欢，突然河底掀起一个巨浪，把船连人一起卷入河水，众人连忙救起，不敢再赛。

于是，乡民去求苏州寒山寺云游至此的高僧行云想办法，行云法师告诉大家："白龙潭里有条蛟龙在作孽，这里要填土，建三座宝塔才能镇住蛟龙。"于是，行云法师与嘉禾乡民们一道运土填潭、建塔。三座宝塔在白龙潭立起的当天，嘉禾上空红日高照，鞭炮锣鼓震天响。这时，只见行云法师叫人抬来了两根石柱，重重地立在这三座宝塔前面。

行云法师说："之所以放这两根石柱，一是把那作孽的蛟龙永远钉在这石柱之下；二是这两根石柱立在这三座宝塔前，对三塔还有一个保护作用，是护塔柱。"三塔立起来后，蛟龙果然被镇住了，再没起什么风浪。"踏白船"这一当地民俗活动也得以延续。

实际上，嘉兴三塔的建设是为往来船只作航标。大运河快到嘉兴时，立即向南形成一个急湾，向南刚过不到一百米，又一个急湾向东折去，这就是运河上有名的三塔湾。相传，这两个急湾是当年开挖运河时有意设计的。隋唐时塘浦体系尚未形成，天目苕溪来水水势湍急，运河一过三塔湾，前面不远就是嘉兴城，为了减轻洪水期间湍急的水流冲进城内的力度，才在进嘉兴城前设计了两个急湾。

湍急的水流连续两次改变流向，会在河流的一侧形成漩涡，漩涡把河岸边的泥土掏空，激流卷走坍塌的泥土最终在这一侧的河岸形成深潭，这就是深险莫测的白龙潭形成的原因。

深潭给过往船只的航行带来了安全隐患。为了解决这个问题，人们用土石填平深潭，把这片填起的河岸改造成流线型凸岸，既消除了漩涡，又起到了保障过往船只安全的作用。在填满深潭而形成的新河岸的前端造三座塔，其作用是使新填起的岸基面对运河激流冲击更加牢固、稳定。

三塔旁的三塔路是运河纤道，为了避免纤绳在塔身上摩擦对三塔造成损害，人们就在岸边竖立起几根长长的石柱，让纤绳在石柱的外侧滑过，至今仍竖立在运河岸边，满是印痕的石柱，是运河辉煌历史的见证。

后来，三塔的边上陆续建造了寺庙、亭子、牌坊等建筑，过往客船和附近乡民纷纷来此歇息、游玩和祈福，久而久之，这里成了嘉兴古运河的游览胜地，令一代又一代嘉兴人引以为傲。

作为嘉兴古城的标志，嘉兴三塔以其悠久的历史和优美的景观吸引着历代文人墨客为之赋诗作画，留下了许多不朽的佳作。元朝吴镇曾作《嘉禾八景图》，其中一幅《龙潭暮云》注云："在县西通越门外三里，三塔寺前龙王祠下水急而深。遇旱则祈于此，时有风涛可畏。"

在三塔北面，建有茶禅寺，原名龙渊寺，俗称三塔寺。每当夕阳西下之时，日落余晖与寺院红墙相融，经水波折射直照塔身，三塔之间影形交织，相映成趣，形成"茶禅夕照"的美景。

乾隆第三次南巡时经过三塔寺，曾经到寺中饮茶赋诗，御书"标示三乘"匾，题"涌塔同参法华品；试茶分证赵州禅"楹联，兴致所至，又将寺名赐名"茶禅寺"，还作《三塔寺赐名茶禅寺因题句》诗："积土筑招提，千秋镇秀溪。予思仍旧贯，僧吁赐新题。偈忆赵州举，茶经玉局携。登舟语首座，付尔好幽栖。"乾隆赋诗、题匾、题联又赐名，使茶禅寺声名大振。寺内奉祀"顺德龙王"和"先蚕福主"。每逢农历三月十六，各地乡民纷纷摇船来茶禅寺祭神，并在寺旁运河上举行"踏白船"活动，非常热闹。清代，三塔、三塔湾和茶禅寺构成的"茶禅夕照"景观，被列为"南湖八景"之一。

嘉兴博物馆中，藏有清代翁小海所画《三塔图》。清秦敏树画的《南湖八景》之《茶禅夕照》，也是三塔之景。民国十五年（1926），美国《国家地理》杂志把三塔作为大运河的唯一代表刊出，照片中三座塔的塔刹都在。民国十七年（1928）《旅行杂志》的封面是嘉兴三塔。民国十九年（1930），日本出版的《世界文化风俗大系》，三塔被用作书的封面，亦被作为大运河的代表刊出。

嘉兴三塔经历了辉煌的发展历史，却在"文革"时期被毁。1971年，三塔被拆除，三塔以及周围的寺庙也全部被毁。三塔原址上造起了水泥厂，塔砖被搬运走建起了人民广场。从此，运河岸边的烟囱替代了三塔，厂房取代了寺庙，隆隆机器声打破了宁静。

20世纪90年代初，一位旅居海外的画家在早年的美国《国家地理》杂志上看到了嘉兴三塔的照片，于是翻拍下来，配上回忆家乡的文章，寄给嘉兴报社，报社立即以图文发表，这幅拍摄于清朝末年的三塔照片上，浓郁的江南风情和运河风光、三塔的秀丽景象唤起许多老嘉兴人脑海中对三塔的记忆，立刻被广为传播。之后，许多回乡探亲的旅台乡亲和海外游子更是怀着浓浓乡情，盼望家乡重建三塔。1999年，嘉兴市人民政府决定在原址重建三塔，以弘扬嘉兴历史文化。重建的嘉兴三塔于2000年3月竣工，同时建了三塔公园，修成了临水而建、古朴典雅的江南风格园林。嘉兴三塔得以重获新生。

过尽千帆，烟云过眼，水流云在，风物长存，嘉兴三塔历经千年的历史风烟，巍然屹立在运河畔，见证着嘉兴千百年来的沧桑巨变，承载着嘉兴千百年辉煌灿烂的历史文化。

一、要素分解

（一）物质要素

1. 巍然屹立的嘉兴三塔

曾经的三塔在"文革"时期被毁，如今所见的三塔是在1999—2000年重建的。嘉兴三塔均为八角形密檐式砖塔，塔内无梯可攀。三塔中间一座最高，为八面九层，总高18.81米。两侧两座各为八面八层，东侧塔总高17.40米，西侧塔总高16.60米。塔基须弥座四周饰有吉祥动物和佛教的图案浮雕。塔身每层间隔有4个壁龛，均嵌有青石浮雕佛像，神态庄严。饰庙红、庙黄、群青三色。塔檐用砖叠涩挑出，檐短无翘角，塔刹为铁铸，覆钵承托，七节相轮，上置宝盖，刹顶为葫芦形。

2. 壮丽秀美的怡人环境

在三塔北面建有茶禅寺，原名龙渊寺，俗称三塔寺。每当夕阳西下之时，日落余晖与寺院红墙相融，经水波折射直照塔身，三塔之间影形交织，相映成趣，形成"茶禅夕照"的美景。清代，三塔、三塔湾和茶禅寺构成的"茶禅夕照"景观，被列为"南湖八景"之一。

3. 历史悠久的石柱

在三塔前岸边竖立着古老的石柱，这是前人为防止运河行船拉纤时纤绳触碰到古塔所设立的防护装置，至今仍竖立在运河岸边，满是印痕，是运河辉煌历史的见证。石柱之间还有一块古石碑，上面刻着"南无阿弥陀佛"佛号。下半截埋入土中，碑额有佛像雕刻。

（二）精神要素

严谨科学的设计理念

嘉兴三塔是一座富有传统建筑风格的砖塔，造型美观，观之令人赏心悦目，其结构严谨科学，历经千年的历史风烟仍巍然屹立，是古代劳动人民在建筑科学和艺术上的聪明智慧的体现。

（三）制度要素

"三塔踏白船"的传统竞技民俗

在嘉兴，自古以来流传着"三塔踏白船"的民俗活动。每年农历三月十六这天，为了祭蚕神，四乡八里的蚕民便摇船云集到三塔前运河的白龙潭段，举行"踏白船"民俗活动。"踏白船"也称"摇快船"，盛行于嘉禾水乡，是民间自发举行的一项活动。"踏白船"名称来由与宋将岳飞有关，相传宗泽因赏识岳飞的才能与忠勇，任命其为"踏白使"。为鼓励赛船者以岳飞的无畏气概参加竞渡，故称此项活动为"踏白船"。目前已经发展成为集地方风俗习惯、文化传统、民俗体育项目等于一体，在地方庙会、寺庙祭祀、村落吉庆等活动中，以农船为主要器具进行的竞渡和表演活动，并在这一地区被人们所认可并长期传承的民俗体育活动。2009年，"三塔踏白船"被批准列入浙江省第三批非物质文化遗产保护名录。

二、核心基因提取与评价

基于对材料的全面、深入分析,得出本文化元素的核心基因:"巍然屹立的嘉兴三塔""严谨科学的设计理念""'三塔踏白船'的传统竞技民俗"。

嘉兴三塔核心文化基因评价依据

评价项目	评价因子	评价依据(特点)	是否
生命力评价	文化基因存续的时间	自出现起延续至今,未曾明显中断	
		自出现起延续至今,但多次衰微、中断后复兴	√
		曾明显衰败,改革开放后开始复兴或历史溯源关键环节缺失,难以考证	
		文化形态主体已灭失,现存部分痕迹	
	文化基因的稳定性	在发展过程中保持相当稳定的状态	√
		在发展过程中存在明显的精神内涵、表现形式剧变	
凝聚力评价	文化基因的凝聚力及社会动员效果	曾广泛凝聚起区域群体的力量,显著推动过社会经济文化的发展	√
		曾部分凝聚起区域群体力量,对社会经济文化的发展产生过影响	
		凝聚过力量,创造过实际的发展动能,但未见对社会经济文化发展产生显著改变	
		仅在历史文献或口耳相传中存在,未见实际介入社会经济发展	

续表

评价项目	评价因子	评价依据（特点）	是否
影响力评价	辐射的范围	具有全国性、世界性的影响力	
		具有长三角区域、浙江省影响力	√
		具有市县、乡镇影响力	
	提炼的高度	已经被古代文人士大夫和当代学者提炼为精神符号和理念理论	√
		单纯的样式、造型、工艺技术规范	
发展力评价	与当代精神追求和价值观念的契合	传统文化基因得到创造性转化、创新性发展；区域革命文化基因被完整继承、广泛弘扬；区域社会主义先进文化基因成为与浙江"三个地"相适应的文化高地	√
		部分转化、部分弘扬、部分发展	
		难以转化、难以弘扬、难以发展	

说明：基因特点评价是对解码出来的基因，根据本《导则》表2的要求，围绕"四个力"逐一对表打"√"，进行定性表述

（一）生命力评价

嘉兴三塔自唐代建造以来，有过灿烂辉煌的历史，留下诸多传世佳作与美景。三塔在"文革"期间被拆除，于2000年重建，获得新生。如今的嘉兴三塔作为嘉兴古运河的标志和嘉兴千年历史文化的见证，巍然屹立，展现出强大的生命力。

（二）凝聚力评价

"巍然屹立的嘉兴三塔""严谨科学的设计理念""'三塔踏白船'的传统竞技民俗"作为嘉兴三塔发展的核心文化基因，曾广泛凝聚起区域群体的力量，显著推动过社会经济文化的发展。自古以来，嘉兴人民每年都会在三塔湾举办"三塔踏白船"的传统民俗活动，一直延续至今；另外，三塔以其悠久的历史和优美的景观吸引着历代文人墨客来此赋诗作画，留下

了许多传世佳作。可以说嘉兴三塔凝聚起嘉兴人民与文人墨客的力量，也推动了当地社会经济文化的发展。

（三）影响力评价

"巍然屹立的嘉兴三塔""严谨科学的设计理念""'三塔踏白船'的传统竞技民俗"作为嘉兴三塔发展的核心文化基因，在长三角区域、浙江省范围内具有影响力。嘉兴三塔作为嘉兴古城的标志、嘉兴千年历史文化的见证，在世纪交汇之初重现人间，被提炼为嘉兴人民的精神符号屹立在运河畔，令一代又一代嘉兴人引以为傲。

（四）发展力评价

"巍然屹立的嘉兴三塔""严谨科学的设计理念""'三塔踏白船'的传统竞技民俗"作为嘉兴三塔发展的核心文化基因，得到创造性的转化和发展。如今，"三塔踏白船"成为浙江省第三批非物质文化遗产，每年在三塔畔举行，成为集地方风俗习惯、文化传统、民俗体育项目等于一体的传统民俗体育活动。而三塔的"茶禅夕照"美景经过修复重建，又回到了大众视野，展现着南湖之美。三塔的形象也成为嘉兴城市地标文化之一，体现着嘉兴辉煌的历史文化。

三、核心基因保存

"巍然屹立的嘉兴三塔""严谨科学的设计理念""'三塔踏白船'的传统竞技民俗"作为嘉兴三塔的核心基因,资料保存情况如下:

文字资料有《嘉兴三塔的传说》《嘉兴市域古塔资源的保护与开发》《运河古韵之嘉兴段》等5项,保存在嘉兴市南湖区文化基因解码调查组资料库中;图片材料有《嘉禾八景图》《三塔公园》等22张,保存在嘉兴市南湖区文化基因解码调查组资料库中。

瓶山

嘉禾南湖　南湖文化基因

瓶山

瓶山，位于嘉兴市中山路中段北侧，东靠建国南路，北抵中和街，据记载，宋时置酒务于此。"瓶山积雪"曾是"嘉禾八景"之一。每当大雪纷飞时，在瓶山上可以俯瞰银装素裹的嘉兴，景色格外迷人。

关于瓶山名称的来由，有三种说法：一是相传宋时置酒务于此，积瓶成山；二是相传南宋高宗用御酒十万瓶犒劳抗金名将韩世忠、梁红玉及众军士于此，饮后积瓶成山；三是相传春秋时期越王献美女西施到吴国，路过嘉兴时，曾遣侍女月波送酒3000瓶，至此宴饮，积瓶如山。该处曾多次出土陶制酒瓶，人称"韩瓶"。

1987年，嘉兴市人民政府兴建瓶山公园。它以中线为轴，分为两半。东半园为"瓶山积雪景区"，西半园为"诗画江南景区"。为了呈现江南园林风格，该园舍弃了一般市民公园的儿童游乐区，集中形成一个文化公园。

"瓶山积雪"源于清代嘉兴知府许瑶光《瓶山积雪》一诗。瓶山公园南门的缓坡有长长的石台阶，台阶中间高耸着石牌楼，牌楼两侧立柱上镂刻了这首诗的诗句。南门是园林的主入口，过石牌楼后则是一面园墙，过月洞门即进入内园，右侧的台阶通向山顶。在建国路口的东门，汉白玉的石材砌筑成高石台。石台的台阶和白玉栏杆引导游客信步向上踏雪寻梅。走上山顶，人们一眼就能看见八角重檐的八咏亭。此处有数株梅花树点缀，还原诗中"踏雪寻梅"的意境。不远处，还有一座单檐连体亭，呈四方形，叫枕峦亭。两亭遥相对应，结成姊妹亭。

瓶山公园的北入口位于中和街东口，游客可以从风火墙与围墙的中间穿行而过，步入小径后沿着山体的陡壁上山。另外，瓶山旁的嘉兴画院后院有一个北入口。从爬满藤蔓的围墙进入这个入口就能看到新建的映雪堂。从一侧拾级上山，山坡上遍植梅花树，一直延伸到山上，石阶两旁用叠石砌筑，高低起伏的叠石与山坡之间还夹杂着不少碎陶片。山上最北端是瓶山制高点，建有一座"瓶山阁"，是三层重檐阁楼式建筑。底层和二层设有回廊，可环顾四方景色，设计较为周全。

瓶山公园中的"诗画江南景区"主要位于西南半园。从北入口靠着西墙向南走，穿过一个天井，然后通过一个半亭，再穿过一个扇亭，就是一条贯通南北的长廊，长廊的中间是一座"看松读画轩"，临水而筑。这座建筑十分宽敞，有四角翘檐大屋盖，四面是花窗，轩前廊下是池塘。这里的轩、廊、亭、桥依水相邻，无论全景看去，还是分切开来近看，都十分协调，错落有致，简约舒朗。

从半亭折向东，是向上的曲尺走廊，共有三曲，走廊墙上是镂空花窗，走到高点就是积雪堂。积雪堂朝南，为两层殿堂式建筑，是瓶山的主体建筑。左手边是附楼，右前方是"蒲华雕像"。堂前经常举办各种纪念活动和表演，也是举办各种商业活动的主要场所。

西长廊的另一头是市民喝茶、下棋、唱歌、跳舞、健身锻炼的最佳地点。怀旧的景点、休闲的廊亭、活动的场地，组成一个完整的休闲场所。

瓶山南麓有灵光井，水质清冽，大旱不竭，为明朝兵部尚书项忠遗所建，因临近灵光坊而得名。该井直径36厘米，井圈高50厘米，外圈为正八边形，内圈呈圆形，井内口小底大，呈圆台状，井壁用青砖平砌。据有关部门测定，其井水水质上佳。

嘉兴境内一马平川，瓶山凭借其得天独厚的地理优势，备受文人雅士推崇，是嘉兴名胜之地，有较高的历史价值。1981年，瓶山成为嘉兴市市级文物保护单位。

一、要素分解

（一）物质要素

1. 宁静悠远的赏雪圣地

瓶山是嘉兴名胜之一。清同治六年（1867），当时的嘉兴知府许瑶光在烟雨楼的大石埠上建造了一座门厅，取名"清晖堂"。他用瘦金字体，写了"六龙曾驻"四字，并制成匾额挂于堂中，表示皇帝曾在此驻跸。同治八年（1869），许瑶光又把南湖周围的景色取了几个名称，为南湖八景题了诗又作了序。这还不算，到了次年，他又请了当时的大画家秦敏树画了《南湖八景》，还把"八景诗"题在画上，刻成了碑石。后来，他在钓鳌台上建造了一个亭子，将碑石放在亭中，取名为"八咏亭"。

瓶山雪景是嘉兴一绝。每逢下雪，在银装素裹的山峦、山腰间，高大的树木与街道、小巷融为一体，呈现出高低起伏、蜿蜒伸展的态势，使城市显得宁静悠远。许瑶光所作的《瓶山积雪》诗也颇为雅致。其诗曰："试上瓶山莫畏寒，楼台白玉倚栏杆。雪晴海国阳春早，搀入梅花一色看。"全诗用词遣字很是平常，但于冬日瓶山上就着暖阳欣赏初春的寒梅却独具清贵气息。

从晚清到民国初年，瓶山一直是当时文人墨客游玩的地方，留下了不少相关诗句。

2. 意义非凡的军事重地

从两宋交替之际的军事要地，到明清之时宁静悠远的赏雪圣地，瓶山始终屹立。到了抗战年代，这座并不高的小山成了军事要地，用于抗击日寇。七七事变后，日本扩大了侵华战争规模，大举进攻上海。嘉兴地处沪杭中心及苏嘉铁路的终点，离乍浦要塞只有一小时的汽车路程，加之附近军用机场驻扎了大量军队，因此具有重大军事战略意义，成为日军轰炸的主要目标之一。在时人吴藕汀的《烟雨楼史话》里就有明确记载："八月十六日清晨五时许，嘉兴首次遭到空袭，有日机五架，轰炸嘉兴国界桥机场。日机飞回南湖上空时，架设在瓶山上的高射炮向敌机还击。"

（二）精神要素
勇猛无畏、以弱胜强的精神

在关于瓶山来历的诸多说法中，韩世忠是最绕不开的人物。宋室南迁后，由于临安（今杭州）成为南宋首都，嘉兴就自然成了临安的屏障。在南宋初年的宋金军事对峙中，嘉兴也始终是两军对垒的前线军镇。建炎四年（1130），宋将韩世忠率军截击完颜宗弼带领的金兵，以瞒天过海之计在嘉兴地区完成兵力集结，率领水师截击金军归路，后相持于黄天荡，前后相持四十八天，金军被迫退出江南。

传说韩世忠大破金兵后，在瓶山犒赏三军，把喝剩的空酒瓶堆积成山，故名"瓶山"。瓶山堆土中曾多次出土陶制酒瓶，高近尺，口径三寸许，旁有两耳或无耳，以紫褐色居多，世称"韩瓶"。民国时期，嘉兴过年旧俗中就有在韩瓶里插上天竹、蜡梅为新春清供的雅事。

（三）制度要素
精致的江南园林风格

瓶山公园呈现出精致的江南园林风韵，这里不仅可以"踏雪寻梅"，还能赏四季美景。瓶山公园右侧为仿古建筑瓶山阁、酒楼和瓶山商场，前有明代古井亭，立有碑记。建筑有八咏亭、枕峦亭、月波楼。山上植松、枫、杨等树及各种花卉，郁郁葱葱，生机勃勃。瓶山以江南景观的手法将瓶山的历史文化充分地表现出来。

二、核心基因提取与评价

基于对材料的全面、深入分析,得出本文化元素的核心基因:"宁静悠远的赏雪圣地""意义非凡的军事重地""勇猛无畏、以弱胜强的精神"。

瓶山核心文化基因评价依据

评价项目	评价因子	评价依据(特点)	是否
生命力评价	文化基因存续的时间	自出现起延续至今,未曾明显中断	√
		自出现起延续至今,但多次衰微、中断后复兴	
		曾明显衰败,改革开放后开始复兴或历史溯源关键环节缺失,难以考证	
		文化形态主体已灭失,现存部分痕迹	
	文化基因的稳定性	在发展过程中保持相当稳定的状态	√
		在发展过程中存在明显的精神内涵、表现形式剧变	
凝聚力评价	文化基因的凝聚力及社会动员效果	曾广泛凝聚起区域群体的力量,显著推动过社会经济文化的发展	
		曾部分凝聚起区域群体力量,对社会经济文化的发展产生过影响	√
		凝聚过力量,创造过实际的发展动能,但未见对社会经济文化发展产生显著改变	
		仅在历史文献或口耳相传中存在,未见实际介入社会经济发展	

续表

评价项目	评价因子	评价依据（特点）	是否
影响力评价	辐射的范围	具有全国性、世界性的影响力	√
		具有长三角区域、浙江省影响力	
		具有市县、乡镇影响力	
	提炼的高度	已经被古代文人士大夫和当代学者提炼为精神符号和理念理论	√
		单纯的样式、造型、工艺技术规范	
发展力评价	与当代精神追求和价值观念的契合	传统文化基因得到创造性转化、创新性发展；区域革命文化基因被完整继承、广泛弘扬；区域社会主义先进文化基因成为与浙江"三个地"相适应的文化高地	√
		部分转化、部分弘扬、部分发展	
		难以转化、难以弘扬、难以发展	

说明：基因特点评价是对解码出来的基因，根据本《导则》表2的要求，围绕"四个力"逐一对表打"√"，进行定性表述

（一）生命力评价

"宁静悠远的赏雪圣地""意义非凡的军事重地""勇猛无畏、以弱胜强的精神"作为瓶山的核心文化基因，自出现起延续至今，未曾明显中断。瓶山景色宜人，楼宇、回廊、水池、竹林、桃、梅、李等景物勾勒出江南园林式的盛景，将江南的灵气、江南的韵味体现得淋漓尽致。徜徉在其间，人们可以感受到江南之韵的那种淳朴细腻，倍感爽朗与愉悦。不幸的是，作为军事重地的瓶山曾遭受一定的损坏。到了清代，许瑶光调任嘉兴知府，政声卓著。太平天国运动后，许瑶光在紧抓恢复生产的同时积极修复嘉兴的文化古迹，为后人保留了不少古迹，其中就包括瓶山。

（二）凝聚力评价

"宁静悠远的赏雪圣地""意义非凡的军事重地""勇猛无畏、以弱胜强的精神"作为瓶山的核心文化基因，曾广泛凝聚起区域群体的力量，显著推动过社会经济文化的发展。瓶山的雪景，为人们所喜爱，成为本地人冬季赏雪的不二之选。它还是意义非凡的军事重地，见证了战火烽烟的峥嵘岁月和人们勇猛无畏、以弱胜强的精神，逐渐成为嘉兴人熟识的名胜古迹。从某种角度上来说，这是对嘉兴这座江南小城的另一种诠释。因此，三大核心基因分别从不同的方面凝聚起区域群体力量，促进了瓶山文化基因的传承和发展，推动了嘉兴文化事业走向繁荣。

（三）影响力评价

瓶山的核心文化基因具有全国性的影响力，已经被古代文人士大夫和当代学者提炼为精神符号和理念理论。瓶山公园是嘉兴城市中心区唯一的公园，是市重点文保单位。它以体现嘉兴人文历史为中心，拥有深厚的文化资源，是一个具有浓郁人文历史气息的古典式精品公园。2021年，当地政府对瓶山公园投入改造费用1600多万元，用于改造、提升自然和人文资源，并通过合理组织各类景观要素，使传统景观及功能得以再现和延续。

（四）发展力评价

"宁静悠远的赏雪圣地""意义非凡的军事重地""勇猛无畏、以弱胜强的精神"与当代精神追求和价值观念契合，具有创造性转化、创新性发展的潜力。

瓶山公园于2021年完成了新一次的改造，呈现出精致的江南园林风韵。未来这里不仅可以"踏雪寻梅"，还能赏四季美景。瓶山公园的改造是以小投入撬动大效果。在基本保持原有建筑与自然景观的基础上，修剪了植被，打开了空间，增加了重要节点景观组团，还对破损的建筑进行了修补，成功地将瓶山的历史文化更充分地表现出来。景观调整主要集中在三个区域，包括公园北侧、八咏亭以及水池周边区域。

改造后的瓶山公园在绿色的主色调上，配上了更丰富的色彩，选用的主景植物主要有造型罗汉松、红叶羽毛枫、红枫、鸡爪槭等。同时，公园在一些重要节点上进行了重新设计，如在八咏亭处增加了梅花桩，还原诗中意境。

公园设施的设计也是别出心裁。当地选择了石材与防腐木结合的古典样式，融入了韩瓶的元素，并且加入"瓶"的繁体字样，提升公园的整体文化底蕴。接下来还将对园内水池水质进行净化，目前刚刚植入水生植物，还将投放鱼虾等微生物进行生物养殖净化。

三、核心基因保存

"宁静悠远的赏雪圣地""意义非凡的军事重地""勇猛无畏、以弱胜强的精神"作为瓶山的核心文化基因,有《瓶山》《嘉兴传统园林调查与研究》等文字资料,保存于嘉兴市南湖区文化基因解码调查组资料库中。另外,出版物有《檇李诗系》《烟雨楼史话》。实物材料瓶山位于嘉兴市中山路中段北侧。

南湖合唱

嘉禾南湖　南湖文化基因

南湖合唱

城市的文化形象是城市品位、发展水平的重要标志，"城市名片"对彰显城市个性和实现持续发展起到越来越大的作用。嘉兴市南湖区围绕嘉兴市委、市政府提出的创建江南水乡文化名城的要求，以加强文化强区建设，争创国家公共文化服务体系示范区为重点，全力保障文化健康和谐发展，活跃和丰富群众的精神文化生活，并明确以增强区域文化软实力为目标，大力发展群众合唱艺术，重点打造了"歌城"文化品牌，增强城市文化品位，不断擦亮"歌城"金名片。

嘉兴市南湖区是马家浜文化的发祥地，也是中国共产党诞生地之一，有着深厚的江南文化和革命传统文化的底蕴，素有"鱼米之乡、文化之邦"和革命圣地的美誉。南湖区作为城乡一体化的先行地，城乡居民越来越渴求一个展示自我才华的平台，而合唱，成为南湖人的最佳选择之一。

丰富多彩的社区文化是提升市民素质的载体，而合唱这种艺术形式，则是其中最佳的载体之一。欧美国家的合唱主要依靠宗教发展，我国的合唱艺术不同于欧美国家，诞生于20世纪民族内忧外患之际掀起的群众歌咏活动。合唱艺术在我国起步虽晚，但有着深厚的群众基础，是一种受众面广、社会生活中常见的群众文化活动。

据不完全统计，截止到2013年，南湖区有大大小小合唱团队150多支，合唱团员1万多人。可以说，每100个南湖区人中就有一名合唱团（队）员，一个家庭中的成员同时参加一场合唱演出的情况屡见不鲜。可见合唱是南湖人非常喜闻乐见的艺术形式之一。

南湖群众合唱艺术的兴盛，推动了大型主题活动的举办和城市品牌形象的打造。2003年，南湖区明确提出以"歌城"品牌为抓手，推进城市品质文化建设。2003年11月，首届中国嘉兴南湖合唱节隆重举行，开启了南湖区文化惠民、文化为民的美好新时代。

处处有合唱，年年有大赛。自2003年以来，南湖区致力于打造"歌城"品牌，连续举办南湖合唱节，截止到2021年已经承办了18届，并经常承接全国及省市重大合唱赛事。每届合唱节都会有不同的主题和内容，既有全国、全省性的合唱大赛，又有原创歌曲大赛、学术研讨、广场展演、互动交流会、展示音乐会等。2004年7月17日，南湖区合唱协会成立，并聘请了中国合唱协会名誉理事长、中国著名合唱指挥大师严良堃先生，浙江省合唱协会会长、浙江省音乐家协会主席谭丽娟女士等为顾问；2010年，南湖区承办了"永远的辉煌"第十二届中国老年合唱节暨第八届南湖合唱节；2012年承办了中国城市合唱周——第二届全国教师合唱节暨第十届南湖合唱节；2014年承办了"浙江省第二届合唱节"；2019年，南湖区举办了首届中国长三角合唱发展（南湖）高峰论坛，发起成立了长三角城市合唱联盟。南湖"歌城"品牌，不但家喻户晓、深入人心，而且成了南湖区对外文化交流的一张"金名片"，营造出了"禾城无处不飞歌"的浓厚文化氛围。

红色南湖，处处飞歌。音乐的盛典、万众的狂欢，彰显着这座城市对音乐的热爱与坚持。经过多年的发展，南湖区的合唱团队在国际、国内各类比赛中成绩斐然。南湖合唱团曾获2010年"永远的辉煌"第十二届中国老年合唱节金奖、连续三年（2012—2014）获美丽浙江合唱大赛金奖；南湖区师韵合唱团获第二届、第三届全国教师合唱节金奖；南湖区机关合唱团获2008年第三届（中国东州杯）世界汉语合唱大会金奖、2013年第十二届中国合唱节混声合唱金奖。2017年，南湖区被中国合唱协会授予"特殊贡献奖"。2011年至2013年期间，南湖机关合唱团、栅堰社区合唱团、建设街道南湖星光合唱团等先后应中国合唱协会的邀请，参加了在维也纳金色大厅的演出，向世界展示南湖合唱的魅力。

以"合唱"为标志，南湖区"歌城"品牌越唱越响。每年，大批区外优秀合唱团队都会慕名来到南湖演出，优秀合唱文化成果在这里不断汇集传播，南湖"歌城"地标效应越来越强。每年，南湖区积极鼓励和倡导本土合唱团队通过外出交流演出、参加比赛等多种形式，开展合唱文化交流，展示南湖社会经济和谐发展的精神风貌，不断提升南湖"歌城"品牌的影响力。

为了进一步提高整体歌唱的水平，南湖区积极鼓励、组织合唱队员们参加各类合唱辅导班、讲座、培训班等，帮助他们努力提高自身的专业化水平。

南湖区在扎实办好历届中国嘉兴南湖合唱节的基础上，与时俱进，注意总结和反思，不断探索和建立提升"歌城"品牌建设长效机制的有效途径。2012年5月，南湖区制定了《合唱团队星级考评管理办法》，自2012年起，采取自行申报的形式，每年开展合唱团队星级评比活动，三星级、四星级、五星级的合唱团队分别可获1万元、2万元、3万元的扶持奖励。2012至2015年，全区有85支合唱团队被认定为星级团队并获得奖励。丰硕的成果不仅扩大了嘉兴城市的影响力和知名度，也提升了城市的品位，促进了南湖区合唱事业的蓬勃发展。

丰富优秀的文艺活动形式能够促

进社会经济发展，合唱艺术互爱互谅的团队精神，对嘉兴的人文精神起着良好的催化作用，利于人才的集聚和引进。在 2003 年中国嘉兴南湖合唱节上，南湖区就邀请了中国科学院合唱团参加演出。通过演出交流，嘉兴地方与我国最高科研学府增进了相互了解，为成功引进清华大学长三角研究院落户嘉兴南湖区架起了互通的桥梁，为打造"东方硅谷"式的技术创新园提供了强大的支持。

南湖区还实现了"南湖合唱节"与"南湖之春"文化经贸活动合办。每年的"南湖之春"文化经贸活动和中国嘉兴南湖合唱节相互配合，群众性的歌咏合唱为文化经贸活动营造良好氛围，以文化经贸活动积聚人气，进一步扩大全区"歌城"文化品牌的影响力。努力做到以歌兴文、以歌促商、以歌引才。

自 2009 年开始，南湖合唱节采用市场化运作方式，将合唱事业与文化、旅游产业有机融合，形成以"歌城"品牌营销为载体，以文化带动旅游、以旅游带动相关产业发展的新产业结构，为南湖区城市发展注入生生不息的生命力。

合唱擦亮了"歌城"品牌，也点燃了南湖群众参与文化建设的激情，带动了其他各项文化活动的开展，奏响了南湖文化发展的"最美和声"。截至 2021 年，南湖合唱团队已发展到 185 支，吸引了上万名歌唱爱好者参加。这些业余团体活跃在嘉兴市区的广场、公园、校园和社区里，成为南湖人精神生活的新景观。现在的南湖区，大到上千人的歌会，小到几十人的街道社区歌咏活动，接连不断，展示出新时代南湖人民的精神风貌。

合唱的兴起，带动南湖区文化惠民事业"百花齐放"。南湖区城乡文体十大联赛、幸福南湖·365 天天欢乐大舞台、"家有好声音"等多种形式的文化娱乐活动蓬勃发展。一镇（街）一品、一堂（文化礼堂）一品，一项项文化品牌在这片土地上孕育而生，发掘出民族民间艺术，传承发展区域特色文化，从"送文化"到"种文化"，让农村文化建设更上一个台阶，形成了各类文化活动广泛开展、各类艺术团队种类繁多、群众积极参与的良好局面，彰显了南湖文化惠民的初心，丰富了老百姓的精神文化生活，切实提升了他们的幸福感、获得感，有力推动了城乡文化一体化的发展。

耕耘带来收获。南湖区以民为本推动文化事业蓬勃发展过程中，赢得了不少赞誉，也流传下不少经典之作。近年来，南湖区成功创建国家级公共文化服务体系示范区、浙江省文化先进区；歌曲《南湖之歌》《石榴花开》，电影《假如没有你》等多个作品获浙江省精神文明建设"五个一工程"奖，越剧小戏《住院》获浙江省群星奖，《幸福花园里》获第八届全国村歌大赛"十大金曲奖"、作词作曲双金奖，《红船少年心向党》为全省第一首凸显"红船精神"主题的少先队歌曲。

合唱作为一种健康向上的活动，使人快乐，使人生活充满阳光，使人的素养在不知不觉中提高。群众合唱活动的开展，不仅充分体现了群众意愿，满足了群众需求，而且为群众提供了想看爱看、健康向上的精神文化产品和文艺活动样式。合唱爱好者积极参与合唱事业，在合唱中体会了合唱的乐趣，提高了艺术素养，愉悦了身心。广大群众在参与、欣赏合唱比赛中，得到了艺术熏陶，带来了美的享受，丰富了业余文化生活。

一、要素分解

(一) 物质要素

1. 远近闻名的中国合唱协会合唱基地

2010年9月,南湖区被中国合唱协会授予中国合唱协会(南湖)合唱基地称号,这是全国首个县(市、区)级合唱基地。嘉兴市成立合唱基地后,一是可将全国性的少儿、老年等合唱团高水准的训练安排到基地;二是可在中小学开设合唱音乐课,从娃娃抓起。这是南湖不断探索和建立提升"歌城"品牌建设长效机制的有效途径之一。

2. 浓厚的文化环境

嘉兴市南湖区有着深厚的江南文化和革命传统文化的底蕴,素有"鱼米之乡、文化之邦"和革命圣地的美誉。南湖区群众合唱有着悠久的历史,南湖区深受"吴歌越语"影响,民众在劳动时一直传唱着各类小调。20世纪60年代初,嘉兴县文化馆(南湖区文化馆的前身)组建了浙北地区第一支群众合唱团——嘉兴业余合唱团。20世纪90年代初,南湖区文化馆组建了嘉兴市第一支群众合唱团——南湖合唱团,该团多次在国家级的合唱比赛中获奖,并于2001年受文化部门委派赴法国参加讷韦尔国际合唱节。合唱是最受南湖人欢迎、南湖人最喜闻乐见的艺术形式之一。

自首届南湖合唱节举办伊始，南湖一以贯之地打造"歌城"品牌；连续举办南湖合唱节，并经常承接全国及省市重大合唱赛事。每届合唱节都会有不同的主题和内容，既有全国、全省性的合唱大赛，又有原创歌曲大赛、学术研讨、广场展演、互动交流会、展示音乐会等丰富内容。南湖"歌城"品牌越唱越响，不但家喻户晓、深入人心，而且成为南湖区对外文化交流的一张"金名片"，营造出了"禾城无处不飞歌"的浓厚文化氛围。

（二）精神要素

1. 丰富多彩的文化生活，积极向上的精神风貌

合唱擦亮了"歌城"品牌，也点燃了南湖群众参与文化建设的激情，带动其他各项文化活动的开展，奏响了南湖文化发展的"最美和声"。一年四季，各项文化活动若清泉般在这座城市悠悠流淌，众多公共文化服务品牌闪亮其中，展示了南湖发展的生机和活力，给人以无限的力量。合唱的兴起，开启了南湖区文化惠民、文化为民的美好新时代，带动南湖区文化惠民事业"百花齐放"。一项项文化品牌在这片土地上孕育而出，有利于挖掘民族民间艺术，传承发展区域特色文化。南湖区形成了各类文化活动广泛开展、各类艺术团队种类繁多、群众积极参与的良好局面，彰显了南湖文化惠民的初心，丰富了老百姓的精神文化生活，切实提升了他们的幸福感、获得感，有力推动了城乡文化一体化的发展。

2. 团结互助的团队精神

合唱艺术互爱互谅的团队精神，对嘉兴的人文精神起着很好的催化作用，推动人才的集聚引进。自2009年开始，南湖合唱节采用市场化运作方式，将合唱事业与文化、旅游产业发展更紧密和有机地融合。形成以"歌城"品牌营销为载体，以文化带动旅游、以旅游带动相关产业发展的新产业结构，为南湖区城市发展注入生生不息的生命力。

（三）制度要素

为打造"歌城"品牌建设长效的促进机制

嘉兴市南湖区围绕嘉兴市委、市政府提出的创建江南水乡文化名城的要求，以加强文化强区建设，争创国

家公共文化服务体系示范区为重点，全力保障文化健康和谐发展，活跃和丰富群众的精神文化生活，并明确以增强区域文化软实力为目标，大力发展群众合唱艺术，重点打造"歌城"文化品牌，增强城市文化品位，不断唱响"歌城"金名片。南湖区在扎实办好历届中国嘉兴南湖合唱节的基础上，与时俱进，注意总结和反思，不断探索和建立提升"歌城"品牌建设长效机制的有效途径。2010年2月，南湖区将"歌城"品牌建设纳入全区经济和社会发展规划、文化发展规划、各级党委（政府）的重要议事日程、政府财政预算和各级党委（政府）任期目标的重要考核内容中去，把经营城市文化品牌、提升文化品位作为规划建设的重点，加大财政扶持力度，不断丰富文化内容，充实文化内涵，全面提升文化的承载力，为打造"歌城"品牌构建不竭的动能。

二、核心基因提取与评价

基于对材料的全面、深入分析，得出本文化元素的核心基因："远近闻名的中国合唱协会合唱基地""丰富多彩的文化生活，积极向上的精神风貌""为打造'歌城'品牌建设长效的促进机制"。

南湖合唱核心文化基因评价依据

评价项目	评价因子	评价依据（特点）	是否
生命力评价	文化基因存续的时间	自出现起延续至今，未曾明显中断	√
		自出现起延续至今，但多次衰微、中断后复兴	
		曾明显衰败，改革开放后开始复兴或历史溯源关键环节缺失，难以考证	
		文化形态主体已灭失，现存部分痕迹	
	文化基因的稳定性	在发展过程中保持相当稳定的状态	√
		在发展过程中存在明显的精神内涵、表现形式剧变	
凝聚力评价	文化基因的凝聚力及社会动员效果	曾广泛凝聚起区域群体的力量，显著推动过社会经济文化的发展	√
		曾部分凝聚起区域群体力量，对社会经济文化的发展产生过影响	
		凝聚过力量，创造过实际的发展动能，但未见对社会经济文化发展产生显著改变	
		仅在历史文献或口耳相传中存在，未见实际介入社会经济发展	

续表

评价项目	评价因子	评价依据（特点）	是否
影响力评价	辐射的范围	具有全国性、世界性的影响力	√
		具有长三角区域、浙江省影响力	
		具有市县、乡镇影响力	
	提炼的高度	已经被古代文人士大夫和当代学者提炼为精神符号和理念理论	√
		单纯的样式、造型、工艺技术规范	
发展力评价	与当代精神追求和价值观念的契合	传统文化基因得到创造性转化、创新性发展；区域革命文化基因被完整继承、广泛弘扬；区域社会主义先进文化基因成为与浙江"三个地"相适应的文化高地	√
		部分转化、部分弘扬、部分发展	
		难以转化、难以弘扬、难以发展	

说明：基因特点评价是对解码出来的基因，根据本《导则》表2的要求，围绕"四个力"逐一对表打"√"，进行定性表述

（一）生命力评价

"远近闻名的中国合唱协会合唱基地""丰富多彩的文化生活，积极向上的精神风貌""为打造'歌城'品牌建设长效的促进机制"作为南湖合唱发展壮大的核心文化基因，自出现起延续至今，未曾出现中断，在发展过程中保持相当稳定的状态。南湖合唱兴起并不断地发展壮大，为嘉兴南湖区确定了"歌城"的城市文化品牌定位，提高了城市文化品位，展现出强大的生命力。

（二）凝聚力评价

"远近闻名的中国合唱协会合唱基地""丰富多彩的文化生活，积极向上的精神风貌""为打造'歌城'品牌建设长效的促进机制"作为南湖合唱发展壮大的核心文化基因，广泛凝

聚起区域群体的力量，显著推动社会经济文化的发展。南湖合唱在南湖有着广泛的群众基础和悠久的文化历史，让人们在参与合唱艺术中培养了互爱互谅的团队精神，对嘉兴的人文精神起着很好的催化作用，也推动了人才的集聚引进。南湖合唱带动了南湖文化惠民事业的百花齐放，极大地促进了社会经济的发展。

（三）影响力评价

"远近闻名的中国合唱协会合唱基地""丰富多彩的文化生活，积极向上的精神风貌""为打造'歌城'品牌建设长效的促进机制"作为南湖合唱发展壮大的核心文化基因，具有全国性、世界性的影响力。"歌城"品牌作为南湖对外交流的城市金名片，每年大批区外优秀合唱团队都会慕名来到南湖演出，优秀合唱文化成果在这里不断汇集传播，南湖"歌城"地标效应越来越强。每年，南湖区积极鼓励和倡导本土合唱团队通过外出交流演出、参加比赛等多种形式，开展合唱文化交流，展示南湖社会经济和谐发展的精神风貌，不断提升南湖"歌城"品牌的影响力。

（四）发展力评价

"远近闻名的中国合唱协会合唱基地""丰富多彩的文化生活，积极向上的精神风貌""为打造'歌城'品牌建设长效的促进机制"作为南湖合唱发展壮大的核心文化基因，在实践中得到创造性转化、传承和弘扬。随着"歌城"品牌的不断提升，南湖合唱活动的主体也由中老年群体逐步扩大。南湖文化的力量正"润物细无声"地融入经济力量、政治力量、社会力量之中，成为经济发展的"助推器"、政治文明的"导航灯"、社会和谐的"黏合剂"。

三、核心基因保存

"远近闻名的中国合唱协会合唱基地""丰富多彩的文化生活，积极向上的精神风貌""为打造'歌城'品牌建设长效的促进机制"作为南湖合唱的核心基因，资料保存情况如下：

文字资料有《合唱，让生活充满阳光——嘉兴市南湖区打造歌城文化品牌的启示》《南湖飞歌唱响"歌城"》《南湖合唱节力创全国性合唱品牌》等12项，保存在嘉兴市南湖区文化基因解码调查组资料库中；图片材料有20张，保存在嘉兴市南湖区文化基因解码调查组资料库中。

嘉兴端午习俗

嘉禾南湖 南湖文化基因

嘉兴端午习俗

端午节，为每年农历五月初五。传说战国时期的楚国爱国诗人屈原在该日投汨罗江自尽，统治者为宣传忠君爱国思想，将端午作为纪念屈原的节日。此外，端午也是吴越地区百姓对忠臣名将伍子胥的纪念之日。

嘉兴在春秋战国时期是吴越两国的相交之地，故有"吴根越角"之称。在嘉兴东南的大桥乡附近原有胥山，山高约20米。相传春秋时，吴国名将伍子胥曾在此练兵，故得名胥山。胥山旧有伍子胥的墓、祠，有磨剑石，有凝望水溪的石龟。而在嘉兴市郊洪合至今仍留有北为吴国南为越国的国界桥。因此，嘉兴也可以说是吴越文化的发源地之一。

端午节主要的习俗产生于中原地区，后来南下，在南方受到当地文化的影响，慢慢地衍生出了具有南方特色的端午文化。在端午文化南下演变的过程中，以嘉兴为代表的江南水乡是这个演变完成的展示平台。嘉兴作为拥有7000多年文明史的历史文化名城，端午文化习俗代代传承，是支撑嘉兴历史文化名城建设的文化支柱之一。嘉兴端午以其独特的地方特色习俗文化吸引了人们的目光。

嘉兴端午习俗节庆活动早在南宋时期就已形成，至明清时达到鼎盛。民国以来遗风尚存，新中国成立以后再次盛行。特别是近年来，一年一度的中国·嘉兴江南文化节，将端午民俗文化活动作为固定项目在端午节期间举办，使这一项民间习俗得以恢复、传承和弘扬。

嘉兴素以"天下粮仓""鱼米之乡"著称，又是最早和最主要的端午竞渡文化区，具有典型的江南水乡风情和吴越文化的深厚积淀，为嘉兴端午习俗的传承奠定了基础。嘉兴端午习俗历史悠久，节日内涵丰富，传统习俗完整，地方特色浓郁。2011年6月，嘉兴端午习俗被列入第三批国家级非物质文化遗产名录，随后，嘉兴成为首批浙江省民族传统节日保护基地之一。

嘉兴是我国端午传统节日的重要活动地区，嘉兴端午是江南水乡独特的传统节日活动，又有明显的太湖流域民间端午习俗的印记。从祭祀伍子胥、南湖龙舟竞渡，以及各种辟邪习俗中可以看出，嘉兴的端午习俗具有"吴越文化""稻作文化""水乡泽国"等深厚的历史文化背景，突显了江南水乡独具特色的传统文化表现形式。由于嘉兴地处水乡泽国，河湖纵横交错，嘉兴人"以舟代车"，生活"一日不能废舟楫"，这给舟船制造和龙舟竞渡创造了条件。嘉兴农村盛产稻米箬叶，给裹粽食黍提供了方便。而这些正是确保嘉兴一带端午节两大主要活动历久不衰的根本原因。

端午节众多民俗文化内容是经过长期传承形成的，在现实生活中已凝成一种类型或模式的民俗样式，得到了广大民众的认可。近几年，嘉兴端午节等传统民俗文化活动逐步恢复和发展，曾举办过多次较有影响的南湖竞渡和粽子节，又举办了一系列端午习俗活动，市民参与的积极性很高。嘉兴端午习俗也是伴随着农耕时代的生产、生活，人与自然的密切关系，为庆祝辛苦的劳作换取的收获，激发生命的活力，加强人际亲情，经过长期相互认同，最终约定俗成的。

一、要素分解

（一）物质要素

1. 精彩激烈的龙舟竞渡

龙舟竞渡是端午节最重要的民俗活动。所谓"龙舟"，实为装饰成龙形的船只，它"龙头"高昂，"龙尾"翘起，船体上画有龙的鳞片，并涂上各种色彩。嘉兴的南湖龙舟竞渡与其他地方有所不同，它不是源于战国的屈原，而是为了纪念春秋吴国的伍子胥，在清康熙至乾隆年间达到鼎盛。《秀水县志》《烟雨楼史话》《古禾杂识》中记载了当时南湖龙舟竞渡的盛况：每年端午节，嘉兴百姓抬着龙头祭庙后，挂灯下水，再进行龙头点睛。然后一声炮响，群龙飞驰、百舸争流，舟中搭起彩棚，前后彩旗飘舞、锣鼓喧天，每条船两侧坐着二十个壮汉，

手持大木桨，勇悍威武。河边观者如云，万人喝彩，气氛热烈，如痴如醉。除了在烟雨楼上观看的达官贵人外，龙舟竞渡的沿岸，常有游人在搭起的凉棚中观看，或驾舟隔湖眺望，"放鹤洲移隔岸帆，卷帘俯瞰龙舟出"。

2. 盛行不衰的"裹粽子"活动

粽子，是嘉兴人端午不可或缺的食品。在端午节，嘉兴人不仅自己要吃粽子，还要用它来祭祀祖先并互相馈赠。因粽子有"种子"的谐音，常作为母亲送给出嫁的女儿、婆婆送给新婚媳妇的礼物等。旧时，端午节当天早上，家家户户的厨房里都飘出了粽子箬叶的阵阵清香。在嘉兴，端午前后各家各户历来有裹端午粽、吃端午粽的习俗，千百年来盛行不衰。

嘉兴端午习俗代表性传承人姚九华，生于1929年6月，18岁师承嘉兴包粽能手张锦泉。50多年来，他积极传承嘉兴端午习俗和传统民间粽子制作技艺，培养了一大批包粽能手，使嘉兴端午习俗的传承发展后继有人。2009年，姚九华被评为"浙江省第三批非物质文化遗产项目代表性传承人"。

（二）精神要素

1. 团结拼搏、勇猛精进的精神风貌

"棹影斡波飞万剑，鼓声劈浪鸣千雷。"（《竞渡歌》）2021年6月12日上午，嘉兴的西南湖一改往日平静，在翘首以盼的游客和市民围观中，一场场精彩的龙舟比拼，赚足了两岸观众的呐喊与喝彩声。2021嘉兴端午民俗文化节开幕式暨"五芳斋杯"龙舟竞渡踏白船表演赛热闹开赛，共吸引了嘉兴市本级和上海金山等地的14支队伍参赛。随着一声哨响，战况再起。400米龙舟竞渡直道竞速预赛中，一艘艘木船如离弦之箭般冲出起点，船上鼓声雷动，岸上加油声不断，赛场上船桨整齐划一在水中上下翻飞，紧张而欢闹的气氛瞬间弥漫开来。经过激烈比拼，参赛健儿们赛出了自己的风采，更展现出嘉兴人民勤善和美、勇猛精进的精神风貌。

2. 崇拜英雄、崇尚正义的情感

从民间故事和诗歌中可以看出，嘉兴端午节中一些重要的习俗，如龙舟竞渡和吃粽子，是为了纪念伍子胥而产生。伍子胥是春秋时期吴国人，是著名的政治家、军事家。他辅佐吴王夫差强大吴国，称霸中原，然而这样一个有功之臣却没有得到善终。伍子胥最突出的精神品格是忠，"为人精诚，中廉外明而知时，不以身死隐君之过，正言以忠君，直行以为国"（《吴越春秋·夫差内传》）。传说中他勇猛善战，忠心报国，临死也不忘百姓疾苦，传下粽子，使饱受战乱的人民免于饥饿。他为百姓作出了贡献，百姓感激他、怀念他。在嘉兴老百姓的心中，他是英雄，是正义的化身。龙舟竞渡这一习俗，既是纪念伍子胥的一种形式，也是考验人们力量与勇气的竞技比赛。因此，嘉兴端午习俗有着浓郁的崇拜英雄、支持正义的色彩，表现出嘉兴人民内心深处对忠诚、正义的支持，对英雄人物的崇敬。

（三）制度要素
历史悠久的端午习俗

每逢端午，民间有画王字、打蚊烟、戴虎头帽、历本袋，穿五毒衣、虎头鞋，挂菖蒲艾草，裹粽子，吃五黄、蜘蛛煨蛋等一系列丰富多彩的民俗活动，寄托着人民群众对美好生活的热爱和向往。

尽管五月有端午划龙舟这样热闹的民间庆典，以前五月却被人们视为"毒月"或"恶月"，是个不吉祥的月份，而五月五日更被看作是五月中最不吉利的一天。这一天，过去的嘉兴人有很多禁忌，如忌晒床上的席子，忌用茅草盖房子。为了禳解这一天的不吉利，人们想出了不少办法。过去未满周岁的孩子，在端午这一天都要到外婆家去过，称为"躲午"。端午节这天，家长还要给孩子戴老虎头帽子，穿老虎头鞋子。家家要挂出钟馗像来，以求驱鬼辟邪。旧时在嘉兴，许多有名的画家都是画钟馗像的好手，施定夫画的钟馗像还流传至日本。至今，嘉兴民间仍有好些画钟馗像的民间画家。

在端午节这一天，嘉兴人民还将艾叶做成人形，将菖蒲做成宝剑的样子，把蓬条做成鞭子，杂以蒜头，挂于门首，用来辟邪驱鬼。同时，人们点燃苍术、白芷等中草药，烟熏室内，并用艾叶、菖蒲烧汤沐浴。还有的人家以"五色桃印为门户饰,以止恶气"。端午节还要吃"五黄",即黄鳝、黄鱼、黄瓜、黄泥蛋(咸蛋)及雄黄酒。古时人们认为端午节所在的五月初五,是一年中阳气最盛的时候,而中午又是一天中阳气最盛的时候,可利用端午节节气的力量,抑制霉运、提升自己的精力。饮雄黄酒、佩香包也是端午驱毒习俗。据说,雄黄酒具有消百病、驱蛇虫的功效。

(四)语言与象征符号
源远流长的"龙图腾"

中国人自称是龙的传人,古代皇帝身着龙袍,坐龙椅,以龙来装饰自己的宫殿器物,中国的百姓也喜欢用龙来比喻各类英雄。每年正月,各地都有耍龙灯的活动,每年五月端午,江南水乡则有龙舟竞渡。这些龙的形象都源于中国古代的图腾文化,龙是能行云布雨、消灾降福的神物,被视为中华民族的象征。

二、核心基因提取与评价

基于对材料的全面、深入分析,得出嘉兴端午习俗文化元素的核心基因:"精彩激烈的龙舟竞渡""盛行不衰的'裹粽子'活动""团结拼搏、勇猛精进的精神风貌""崇拜英雄、崇尚正义的情感"。

嘉兴端午习俗核心文化基因评价依据

评价项目	评价因子	评价依据(特点)	是否
生命力评价	文化基因存续的时间	自出现起延续至今,未曾明显中断	√
		自出现起延续至今,但多次衰微、中断后复兴	
		曾明显衰败,改革开放后开始复兴或历史溯源关键环节缺失,难以考证	
		文化形态主体已灭失,现存部分痕迹	
	文化基因的稳定性	在发展过程中保持相当稳定的状态	√
		在发展过程中存在明显的精神内涵、表现形式剧变	
凝聚力评价	文化基因的凝聚力及社会动员效果	曾广泛凝聚起区域群体的力量,显著推动过社会经济文化的发展	√
		曾部分凝聚起区域群体力量,对社会经济文化的发展产生过影响	
		凝聚过力量,创造过实际的发展动能,但未见对社会经济文化发展产生显著改变	
		仅在历史文献或口耳相传中存在,未见实际介入社会经济发展	

续表

评价项目	评价因子	评价依据（特点）	是否
影响力评价	辐射的范围	具有全国性、世界性的影响力	
		具有长三角区域、浙江省影响力	√
		具有市县、乡镇影响力	
	提炼的高度	已经被古代文人士大夫和当代学者提炼为精神符号和理念理论	√
		单纯的样式、造型、工艺技术规范	
发展力评价	与当代精神追求和价值观念的契合	传统文化基因得到创造性转化、创新性发展；区域革命文化基因被完整继承、广泛弘扬；区域社会主义先进文化基因成为与浙江"三个地"相适应的文化高地	√
		部分转化、部分弘扬、部分发展	
		难以转化、难以弘扬、难以发展	

说明：基因特点评价是对解码出来的基因，根据本《导则》表2的要求，围绕"四个力"逐一对表打"√"，进行定性表述

（一）生命力评价

中国是一个文明古国，千百年来传承下来的民族传统节日，既是一份宝贵的精神文化遗产，也是一份有待挖掘的文化宝藏。端午作为我国四大传统节日之一，近几年不断被发现、演绎，已成为推动文化和谐与城市发展的重要因子。浙江嘉兴作为传统端午文化的保护地，从古至今举办着丰富多彩的民俗文化活动，以推进传统文化的传承与弘扬。近年来，嘉兴依据民间习俗举办市民裹粽大赛、香囊制作大赛、龙舟竞渡等，进一步彰显了传统节俗文化的魅力，着力营造良好的人文环境，让古老的民间习俗重新融入百姓生活，重新焕发青春活力。

（二）凝聚力评价

端午节的众多民俗文化内容是经过长期发展形成的，在现

实生活中已凝聚成一种类型或模式的民俗样式，得到了广大民众的认可。近几年来，嘉兴端午节等传统民俗文化活动逐步恢复和发展，市民们积极参与，体现出了较强的凝聚力，嘉兴市民们在丰富多彩的活动中感受着嘉兴端午民俗的丰富内涵和独特魅力，共享着端午这一场独特的文化盛宴，获得了文化认同感。而嘉兴这座城市也已连续多年举办嘉兴端午民俗文化节，继续以弘扬中华优秀传统文化为己任，努力展示嘉兴端午的内涵和魅力。

（三）影响力评价

嘉兴端午民俗文化节的连续举办，让嘉兴成了"中国端午文化研究基地"和"浙江首批民族传统节日保护基地"，五芳斋粽子制作技艺也在2011年经国务院批准列入第三批国家级非物质文化遗产名录。在嘉兴，粽子早已从只在端午非常火爆的节庆食品演变成老百姓天天都会吃的日常食品；人人皆知的裹粽子，也已从一种单纯的工序、工艺，延伸为一项多姿多彩的文化活动、一个独具嘉兴地域特色的文化符号。嘉兴粽子的独领风骚和嘉兴端午民俗文化节的深入人心，折射出嘉禾大地非常深厚的历史民俗底蕴，折射出嘉兴企业独辟蹊径勇于创新的精神风貌，更折射出嘉兴市委、市政府抢抓机遇一以贯之为民服务的亲民情怀、战略眼光。

（四）发展力评价

嘉兴端午习俗作为非物质遗产的民俗节日文化，具有共享性。共享性是民俗文化得以流传的重要特征。没有文化的共享性就没有文化的继承和借鉴。端午文化是一种兼容性、参与性和生命力很强的传统文化。对端午文化除要唤醒和树立民俗保护意识、采取切实措施加以保护、以缓和"洋节"冲击外，还应赋予民俗文化新的内涵和科学解释，注入新的元素，让传统节日与时俱进，在传承与延续中得到进一步发展。

三、核心基因保存

"精彩激烈的龙舟竞渡""盛行不衰的'裹粽子'活动""团结拼搏、勇猛精进的精神风貌""崇拜英雄、崇尚正义的情感"作为嘉兴端午习俗的核心基因,有《嘉兴端午民俗文化节》等10项文字资料,保存于嘉兴市南湖区文化基因解码调查组资料库中。

"浙江文化基因丛书"后记

浙江濒海多山,古为百越之地,地少民贫。先民断发文身,披荆斩棘,筚路蓝缕,艰苦创业,卧薪尝胆,徐图自强,始稍为中原所识。山海情怀,越地长歌,独特的地理人文环境孕育出浙江艰苦奋斗、励精图治、百折不挠、勇攀高峰的地域文化性格和兼容并包、发展创新的人文精神。因以鸟虫篆、《越人歌》为表征的楚越文化交融和徐偃王流亡越地、勾践北上争霸等历史事件的发生,越地逐渐融入中原文明。及至东晋衣冠南渡,中原贤良缙绅避乱会稽,兰亭雅集、永嘉诗会,王谢风流所及,中原文化和越文化相互碰撞融合,这片神奇的土地在吸收大量中原先进文化基础上,生发出更多独具特色、丰富璀璨的文化颗粒,散点分布于浙江的山山水水之间。

隋唐以降,一条大运河通到钱塘,凡所流经之县域,皆成人文渊薮。浙东唐诗之路,如明珠嵌璧;越窑青瓷,千峰翠色风靡长安。浙江依托这条水上"高速公路"迅速崛起,在经济高效快速地融于全国的同时,也向全国展现了别样精彩的浙江文化,对中原产生巨大影响。唐末五代中原战乱之际,吴越国钱王保境安民,举世惶惶而越地独安,浙江又一次成为全国士子避祸传学之地,浙江的原生文化和中原文化水乳交融,极大地提高了浙江的人文学术水平。及至南宋定都临安(今浙江杭州），孔裔迁衢，杭州乃至浙江逐渐成为中华文化传承发展中心、全国的文化学术高地。有元一代，人文日渐凋敝，而浙江独领风骚。湖州赵孟頫成为有元一代赓续中华文脉之砥柱。赫赫有名的"元四家"，黄公望（常熟人，曾隐居富春）、王蒙（湖州人，曾隐居临平）、吴镇（嘉兴人，曾卖卜钱塘）、倪瓒（无锡人，曾浪迹太湖）在学习传承赵孟頫的文化艺术精髓基础上，各显其能，自成面目，为传承发展中华文化艺术作出了卓越贡献。明清以来，浙江士林，更为全国翘楚，文化勃兴，领袖群伦。浙江文脉渊深，有容乃大，继承发展，才俊迭起。事功之学、阳明心学、浙东学派、南戏越剧、《古文观止》、丝瓷茶剑、西泠印社、兰亭雅集等，更是中华文化中耀眼的明珠。浙东音声，渐如潮涌；黄钟大吕，照灼云霞。

晚清时期，中华危亡。辛亥鼎革，浙江文化所孕育的优秀儿女更是为中华千古未有之变局作出了重要贡献，秋瑾、徐锡麟、蔡元培、章太炎、鲁迅等，允文允武，可歌可泣，数不胜数。为全面赶上世界发展，全省各地掀起了重视文教事业、培养人才、发展经济的高潮。各类藏书楼、图书馆、新式院校纷纷创设，浙江人又一次发扬卧薪尝胆、奋力赶超的浙江精神，使浙江成为当时全国省域文化发达、人才众多的省份。

新中国成立后，浙江人励精图治，无论干部还是群众，都本着务实精神，立足现状，踔厉前行。即便在"文革"时期，浙江的经济、文化发展水平都显著好于其他兄弟省市，这和浙江人文内核的务实精神和文化基因的原生动力息息相关。改革开放以来，浙江更是勇做弄潮儿，充分发挥"四千精神"，培养人才，发展经济，以全国陆域较少、自然资源缺乏的省份，一举成为名列前茅的文化大省、经济强省。

历数千年，浙江以落后的山林草野原生文化，不断与吴楚和中原文化交融互鉴，融合创新，发展壮大，绝非历史偶然。浙江以其独特的文化基因和历史面貌正引起国内外专家学者的广泛兴趣，以期通过对浙江文化的研究来更好地理解中华文明，为中华文明的伟大复兴寻径探源，通过解析全省多点、散点分布的各类文化颗粒和文化价值观、文化形态、文化载体，系统研究、条分缕析在地文化基因和独特的文化原动力。构建中国文化基因理念体系，挖掘文化遗产背后蕴含的哲学思想、人文精神、价值观念、道德规范，是一项新课题、新任务。浙江在推动高水平文旅融合、建设共同富裕示范区的进程中，以解码文化基因为切入点，为构建中国文化基因理念体系提供地方经验。

研究浙江文化基因，就是对披着传统文化外衣的各类庸俗低俗的迷信活动加以甄别，科学分析，正本清源。以挖掘、激活浙江的优秀文化基因为抓手，推进文旅深度融合；有机整合乡村文化礼堂、农家书屋、场馆院团、城市书房等城乡文化资源，丰富群众文化活动。拓展新型公共文化空间，持续推动优质文化资源直达基层。为人民群众创造一个良好的文化大环境，强化文化自觉和文化自信；为浙江文化高质量传承发展厘清路径，为新时代浙江发展优秀的社会主义先进文化打好基础。文化兴则国运兴，文化强则民族强。文化基因的研究以及激活应用是浙江建设文化强省的重要切入点，是民智之本、百年大计。

我们要深入学习贯彻党的二十大精神和习近平文化思想，全面挖掘和激活浙江文化基因，推动新时代中国特色社会主义文化建设。以高质量发展为目标、融合发展为重点，紧扣激活优秀文化基因、提供优秀文化产品这个中心，厚植浙江经济社会发展文化软实力。

2024年1月，全省宣传思想文化工作会议提出，要全面贯彻习近平文化思想。浙江作为文化大省，肩负起新时代文化使命，在优秀传统文化的传承发展领域开展了积极的探索。我们要不断学习贯彻习近平总书记关于中华优秀传统文化的重要论述和关于文明交流互鉴的重要论述，让文化基因的研究成果走入校园、走进课堂，成为鲜活的爱国主义教育载体、生动的"课程思政"教育实践、开放的当代青少年国际视野素养培育抓手。将浙江文化基因研究成果制作成微视频"浙江文化基因"课程（双语），通过教育信息技术实现从碎片到整体、从实地到课堂、从单一到系列的 MOOC/SPOC 转换，实现浙江文化基因在青少年群体中的代际传递，助力文化基因融入当代、植根青年，实践出一条富有浙江特色的文化传承发展新路径，为中国"培养社会主义建设者和接班人"这一宏伟目标服务。

若有所成皆非易，凝心聚力要躬行。各地课题组在当地乡土专家和各地高校文史专家的鼎力协助下，进深山到大海，调研足迹遍布海瀩山陬。通过田野调查、走访座谈、查阅历史卷宗、参考海量文献，历时五年形成的研究成果，凝聚了全省各地众多专家学者和乡土文化耆老的心血，他们为浙江的文化事业作出了很大贡献。致敬他们文化溯源的热忱，学习他们极深研几的精神，真诚感谢他们无私奉献的情怀。由于篇幅有限，涉及面广，无法一一详列参与者，在此一并致谢！

吴　越
甲辰年秋于杭州